カレーは世界を元気にします

金沢発！ ゴーゴーカレー大躍進の秘密

宮森宏和

光文社

子ども時代

（上）祖父母、父、妹、弟と、金沢城跡、石川門にて。（下）祖父におんぶされ神社で。祖父や曽祖父が、ゴーゴーカレーのロゴマークのゴリラに似ていると、会社をつくったあとに気づいたのです。【P76】

（右）中学・高校の友人たちとのバンド活動ではボーカルを。金沢市内にあるライブハウスにて。（中）（左）こちらは高校の文化祭で。このときはベースです。

高校生の頃

（上）高校入学後すぐにあった部活動の勧誘で、やったこともなかったのに馬術部に。部員は女性がほとんどでした。【P28】（下）金沢市内にある石川県馬事公苑で、高校の同級生たちと。

専門学校生の頃

旅行系の専門学校時代には、研修旅行でハワイに。やったことがないことをやりたい性分なので、自分でオプションツアーを探して、人生初のスカイダイビングを体験しました。

友人がワーキングホリデーでオーストラリアにいたので行ったケアンズ。ここでも、やったことがないことを求めて、バンジージャンプにチャレンジ。

添乗員時代

バスガイドさんや運転手さんたちの研修旅行にも
添乗員として同行。裏磐梯にて。

会社の研修旅行中、バスの中で社員同士で麻雀
を！　パチンコ同様、強かったのです。

ツアー中の宿で。ぼくだけが朝寝坊で集合に遅
れてしまったことも……。【P33】

これも農場視察で、メルボルンに行ったとき。巨
大な何十年モノの伊勢海老！

「カルゲン会」という団体の農場視察で何度も訪れ
たオーストラリア。これはシドニーでのスナップ。

新宿に1号店を

創業時の新宿１号店の入り口。いまはもうこの地にお店はありません。たった8坪の狭い物件からのスタートでした。【P60】

地下のお店に降りていく地上部分。地下という大きなハンデを「街宣」とポスティングで克服しオープン時には大行列がここに。【P60】

営業時間後に店内でカレールーの仕込みがスタート。キッチン内で、初代店長の今は亡き中山弘《ひろ》季《き》と２人で。【P58】

会社でのあれこれ

（右）新宿でみんなで揃って「ゴーゴー街宣」。とにかくまずは「知ってもらう」から。【P59、65】（左）「大名行列」と呼んでいる、大勢で練り歩く「街宣」の光景。これは新宿総本店の移転オープン時。

（右）「朝練」と呼んでいるスタッフミーティングでは、各地区の「キャプテン」（店長）をはじめとする「プレーヤー」（スタッフ）が参加します。
（左）自らキッチン内に入って、実際に指導することもあります。

年に１回の「アワード」や、それ以外にも各種表彰を行っています。年間MVPに２度輝いた伊崎秀子さんは高校の同級生。【P126】

金沢の老舗「ターバン」。「師匠の味を消してはいけない！」と、修業させていただいたお店の共同オーナーに。【P151】

夢のニューヨークへ進出

（右）松井さん出場のワールドシリーズではスタンド前方の特別席が取れてパネルで応援という貴重な体験を！
（左）こちらは、松井選手の引退セレモニー。ヤンキースタジアムのバックスクリーンに、ゴーゴーカレーが映し出された瞬間！

ニューヨークでは、ゴリラの着ぐるみを着て行う街宣が大ウケしました。日本と同じように、タイムズスクエアでもプラカードとのぼりを持っての「ゴーゴー街宣」です。【P85】

ニューヨーク店で年1回行っていた「イーティング・チャンピオン」の大会は毎年盛り上がりました。日本から参加するスタッフもいて、海外で勉強できるいい機会でもありました。

ニューヨーク1号店オープンも5月5日に！　徹底した「街宣」と、55セント&5.5ドルの大安売りのキャンペーンが功を奏して、オープン初日には長蛇の列ができました。その後も手を緩めず「街宣」を続けたおかげで、客足は増え続けました。【P85】

目指すはナスダック

(右) ナスダックから「目指してね！」という主旨で招待され「インビテーション」のセレモニーを。(左) NYのスタッフだけでなく、視察を兼ねてロスから、日本からと、スタッフが駆けつけて意気が揚がる。

カンボジアへの支援

知人の紹介で公益財団法人の存在を知り、カンボジアへ。孤児院「夢追う子どもたちの家」に泊まり込んで子どもたちとふれあい、その笑顔に心打たれました。

SAJ（School Aid Japan）を通じて、学校建設のための資金を寄付しました。そこで学ぶ生徒や先生との記念写真。周囲には1000人近くの方が。【P176】

行政の方から感謝状をいただきました。さすがに「冠婚葬祭」の場ではゴーゴーファッションではないのですが、ネクタイはゴーゴーです。

震災支援では

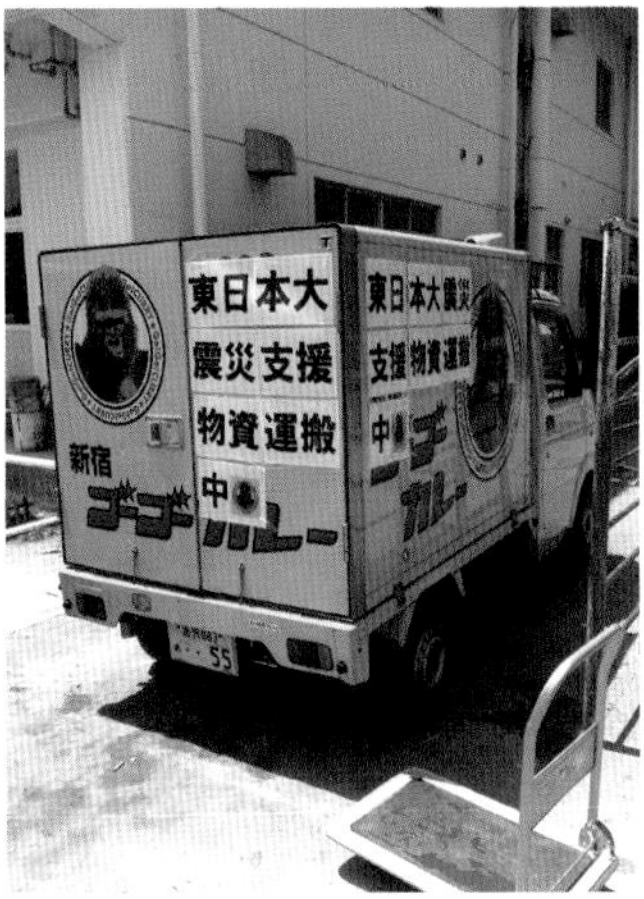

被災地の炊き出しにはゴーゴーの保冷車が大活躍しました。カツカレーのすべての材料をここに積んで現場まで運んでいき、つくります。【P181】

東日本大震災後、工藤公康さん、日刊スポーツさんと３者合同で復興支援事業を。工藤さんは少年たちに向けた野球教室を。【P180】

すべてがカツカレーで、揚げ物は震災後食べられず大いに喜ばれました。温かいものを食べてほしいから、スピード勝負で一気につくります。【P182】

震災後まもなくの光景……。「少しでも力になりたい！」とフランチャイズの方々など全国からスタッフが、相乗りで車の運転を交代しながら被災地に向かいました。【P181】

ゴーゴーらしさ

スタッフ全員に毎年配っている「ゴーゴーカレー開運手帳」。スマホのように充電する必要がない紙の手帳は、いつでもどこにでも常に持ち歩けて書きこめるのがいいのです。ページがびっしり埋まっている人は運気が上がっています。【P163】

スタッフが、さまざまな学びを体験する機会を積極的につくっています。お米を扱う仕事ということで、田んぼ作業を体験することもその１つ。ここはぼくの実家近くです。田植えと稲刈り。

研修旅行は「修学旅行」と呼んでいますが、まさに学びの場なのです。これは地元・石川県は能登、輪島市の「千枚田ポケットパーク」にて。

本社に置いてある「開運ゴリラ」は、金色が運気を上げる「ラッキーコング」。【P77】

プライベートでは

38歳の誕生日に、相手もいないのに「開運手帳」の39歳の誕生日の欄に「結婚」と書き込み、本当に実現しました。【P110、166】

地元のお祭りのときに、会社のスタッフやその家族が集まってバーベキューを楽しんだりも。スタッフのお子さんをトラクターに乗せています。

トライアスロンに惹《ひ》かれて

(右上下) 所属しているトライアスロンチーム「MIT」のメンバーと。【P184】(左上下) 盲ろうのトライアスリート、中田鈴子《すずこ》さんを支援しています。中田さんは、バイクではタンデム車で、伴走の方のうしろに乗るのです。【P187】

スポーツへの支援

北信越地区の小中学生が参加するラグビー大会の冠スポンサーとなっています。その名称は「ゴーゴーカレーカップ争奪ジュニアラグビー大会」。

毎年1万人以上のランナーが参加する「金沢マラソン」では、協賛社として、出場選手に「金沢カレー」を提供。もはや名物にまでなっています。【P195】

コラボを積極的に

2022年には、きゃりーぱみゅぱみゅさんとのコラボを。その名も「ゴーゴーキャリー」です！　ゴリラがリボンでかわいく仕上がり、レトルトもTシャツも通販サイトで爆発的に売れ、超人気商品となりました（現在は終了）。

カレーは日本の国民食

羽田のお店では、レトルトは自社製品だけでなく、全国各地の商品も販売しています。【P108、146】

金沢をロケ地にしたカレー映画『スパイスより愛を込めて。』をプロデュースしました。【P190】

2022年には「日本カレー協議会」を立ち上げました。羽田のお店にはその参加団体がわかるパネルを設置しました。【P197】

石川県民のソウルフード「金沢カレー」の特徴が書かれています。【P45】

日本の玄関口、羽田空港国際線直結の場所にふさわしい店名は、日本のカレーをグローバルに、との思いから。

宮森宏和を理解するための3つのキーワード

1.「できるか？　できないか？」ではなく、「やるか？　やらないか？」

2.無理と言われると燃えるタイプ。

3.思い立ったら即実行。

［はじめに］

山あり谷ありの記録で元気と勇気が届けられたら

はじめましての方ははじめまして！

ぼくのことを知っている方は、こんにちは！

ゴーゴーカレーを創業した、金沢出身の宮森宏和《みやもりひろかず》と申します。

この本が発売になる２０２３年５月５日現在、49歳です。

２００３年４月８日。カレーの発祥地であるインドで生まれた仏教の祖《そ》・お釈迦《しゃか》様の誕生日であるその日、ヤンキースタジアムで飛び出した松井秀喜《ひでき》選手の満塁ホームランで、ぼくの中に電流が走りました。尊敬する同郷の星のように、「絶対にニューヨークに行って成功する！」と自分自身に対して誓いを立てました。

そのときに、添乗員生活から脱サラしての起業を決意し、８月には退社。

翌年５月５日に、西新宿の地下にあった、「なんの店をやってもうまくいかない」と言われていた、いわくつきの狭い物件で、ゴーゴーカレーは産声《うぶごえ》を上げました。

創業後は、広い海に投げ出されたヨットのように、心地よい順風が流れているときもあれば、強烈な逆風が吹きつけてくることも多々ありました。しかしそこは、風を理解し、対話し、わかり合い、必死に食らいついてセールを操《あやつ》り、夢という風上に向かって愚直《ぐちょく》に進んできたつもりです。そんな波瀾万丈《はらんばんじょう》のあれこれを本書で綴《つづ》りました。

ぼくの人生を決定づけた松井さんのホームランからちょうど20年というタイミングで本を出すことになったのは、節目として、運命からいただいた御縁《ごえん》なんだなと感じています。

そしてたった今、なにかしらの御縁によって、このページを読んでいただいているみなさまには、まず感謝申し上げます。また、このあとに続く、宮森宏和とゴーゴーカレーグループがたどってきた山あり谷ありの記録を読んでいただくことで、少しでもみなさまに元気と勇気が届けられたら、カレー同様、本を出した喜びに包まれます。

ありがとうございます。

5章　人生への想いと世界への夢

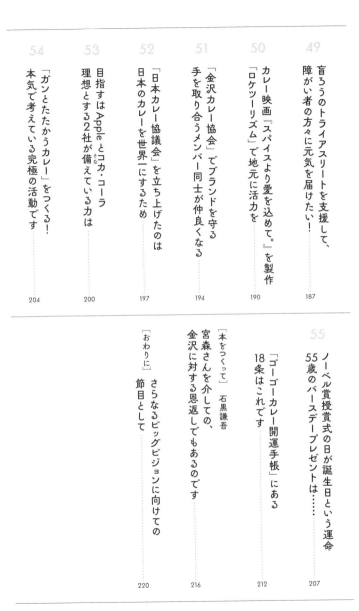

お持ち帰り
Go!
Go!

1章 ★ 創業へのデコボコ道

大学受験を早々にあきらめパチプロに「1000円でやめる」でバッチリ稼いだ

いまでこそ、少しは名の知れたカレー屋チェーンの創業者かもしれませんが、高校時代は、まったく自慢できるようなものではありません。

ひょんなことで入部した馬術部では、県内にライバルが少ないこともあり、補欠としてインターハイに行く程度にはなりました。でも、肝心の勉強はからっきし。部活を終えても家に帰らず、盛り場で遊び歩いていたのですから、成績が上がるはずがありません。クラスメイトのみんなが真剣に進路を考え始める時期になって、自分の置かれた厳しい現実に気づきました。

「こりゃ、大学進学なんて夢のまた夢だ……」

というのも、ぼくは1973年生まれ。つまり団塊ジュニアの頂点なので、大学受験の倍率は10倍、20倍が当たり前という時代だったのです。

「こんなん、一般入試で通るわけないいな。チャンスがあるとしたら推薦。でも、こんないい加減な生徒を学校が推薦してくれるわけないよな」

進学を早々にあきらめた頭の中には、1つの進路がくっきりと浮かんでいました。

それはパチプロ。パチンコで生計を立てる人になる、ということです。

当時、ぼくの周りにいた高卒の人たちの初任給は、だいたい手取り12万円といったところ。こんなことを言うと非常に失礼かもしれませんが、正直言えばフリーターのほうが稼ぐことができる。さらに言えば、パチプロのほうがもっと稼ぐことができると思いましたし、実際に高校を卒業する頃には、パチプロとして周りの人たちの数倍稼げるようになっていました。

いやいや、パチンコなんてそうかんたんには勝てないでしょ?

そう言われる人もいるでしょう。たしかにパチンコは、みんなが勝てるわけではありません。むしろ、負ける人のほうが圧倒的に多い。それでも、かなりの勝率を収めることができていました。

その理由は2つあります。1つは、これは説明しようがないのですが、〝出る台〟がなぜか光って見えるということ。「ほんとに?」と思われるかもしれませんが、本当に見えるときがある。

それからもう1つは、朝に当たりが出やすい「モーニング」と呼ばれる設定を狙っていき、「1000円でやめる」というマイルールをつくったこと。大きな声では言えませんが、高校卒業時点ですでにかなりやり込んでいたので、パチンコで大事なことは泥沼にハマらないこと、そう、やめどきが肝心だと知っていました。懸命《けんめい》に働いて得た1か月分のバイト代を、ほんの数時間でスッカラカンにしたことなんて、一度や二度ではないですから……。

そういうわけで、パチプロになって1つのルールを自らに課しました。

ホールに行くときは1000円しか持たない。銀行のカードも持たない。持っていると銀行におろしに行って、キリがなくなってしまうからです。

ぼくは毎日、千円札1枚だけ握りしめてホールに足を運びました。その1000円以内で「モーニング」を引いたら、さらに出玉の多い連チャン台につっこんで勝負する、出なかったら素直に退《しりぞ》く。パチンコの1000円なんて、なにも起きなければ5分足らずで消えてしまうので、朝イチで店に行って出なければ、その日はもうやることがなく、家でゲームをしたり、競馬に行ったりしていました。

いまにしてみれば、「ちょっとは勉強しておけば」という気もしていますが、大学で一般的な教養を身につけるより多くのことを学べて良かったとも思います。「勝負は負けなければ勝ち」という、シビアな勝負勘を養《やしな》えたからです。

パチプロから専門学校〜添乗員にツアーの名前に「ゴーゴー」と付け始めて

パチンコだけで生計を立てていた時期は、せいぜい1年程度でした。就職した同級生たちよりよっぽど稼いではいました。しかし、世間体《せけんてい》を気にしてか、家族や親戚は口を開くたびにぼくのことを嘆くのです。

「周りにおまえのこと聞かれて、パチプロやってるなんて口が裂けても言えんやろ」

「おまえ、頼むからパチンコ通いなんかやめて就職しろ」

両親や祖父母にかわいがられて育ったので、そう言われるととても弱い。周りの声に押される形で、高卒2年目から旅行系の専門学校に通うことにしました。

なぜ旅行なのか。そこにはたいした理由はありません。なんとなくラクそうで、専門学校が家から近かったから、まあ、いいかなと。学校の授業はほどほどに、相変わらずパチンコ通いも続けていました。そして2年後、21歳で専門学校を卒業すると、またしてもなんとなく地元の旅行会社に就職します。家族や親戚は、「これでやっと恥ずかしくない仕事に就《つ》いたか」と胸を撫《な》でおろしていました。

旅行会社で働き始めてからもパチンコ通いは続けていました。だって入社初日に出社してあいさつをすると、上司がぼくに名刺を渡して「じゃ、外に行っていいよ」なんて言うのです。「営業に行きなさい」という意味だったのですが、「やった、パチンコに行ける！」と都合よく解釈して、ホールにすっ飛んでいきました。

専門学校時代も旅行会社に入社した頃も、正直本業はパチプロで、専門学校や会社は「副業」のようなものでした。しかし、やがて任された営業と添乗員の仕事がパチンコよりも面白くなってきました。

高校時代から盛り場に出入りをしていたぼくは、もともと大人の話を聞くことが好きで、世間《せけん》のいろいろな面を知り尽くした社長さんたちからかわいがられるところがありました。そうした大人の社交場に顔を出しては愛想良くふるまい、団体旅行を取ってくるわけです。すでにバブルは崩壊していましたが、世の中にはバブルの残り香《が》が漂《ただよ》っていたので、営業では好成績を上げることができました。

自分の企画した旅行には自分が添乗するので、行きたいところ、食べたいもの、見たいものを意図的に旅程に組み込むことが多々ありました。なに好き勝手やってるんだ！と思われるかもしれません。でも、そのほうが仕事に身が入って、お客さんにもいい旅行を提供できるんだという自負がありました。好きを仕事にして存分に楽しんでいたわけです。

添乗では、いろいろなところに行きました。47都道府県はもちろん制覇し、「カルゲン会」という団体の農場視察でアメリカやオーストラリアを訪れたり、韓国や中国、グアム、サイパン、ハワイ、シンガポールなどにも。また、地元の高校の甲子園応援ツアーも企画しました。好きをツアーにしたいちばんの例としては、あこがれの地元のスーパースター・松井秀喜さんの試合を東京ドームで観戦というものもありました。

仕事があまりにもハードだったので、朝、宿泊先で大寝坊！ 出発時間に添乗員のぼくだけが大遅刻するという笑えない失態もやらかしましたが、見知らぬ土地、新しい職種の人たちとの出会いがあって視野が広がり、ものすごく充実していました。あれほどハマったパチンコのことなんか、すっかり忘れるくらいに。

この添乗員としての経験があったからこそ、のちのち、1人で世界じゅうどこでも行けるようになったのです。

それから、旅行会社時代にはいまにつながるネーミングも生まれました。「ゴーゴースキーツアー」のように、ツアーの名前に〝ゴーゴー〟と付けていたのです。たいした理由はありませんが、語呂《ごろ》が良く、勢いがつきそうだと思っていました。

「社長になってこの会社を変えたるわ！」
8年半の添乗員生活の終わりには……

行きたいところにタダで行き、旨《うま》いものをタダで食べる。そんな添乗員生活を存分に謳歌《おうか》しながらも、キャリアを重ねていくたびに、会社へのわだかまりを抱くようになりました。

会社では親会社から天下りでやって来た人たちが偉そうにしていて、たいした仕事もしていないのに高給を取っていました。その一方で、必死にがんばって結果を出している人がいつまでも安月給に甘んじている。そうした実態がわかってきて、フラストレーションがたまっていったのです。

たくさん働いて結果を出していた自分は、怖いもの知らずだったこともあり、遠慮なく社長に直談判するようになりました。当時は生え抜きの山田茂社長に代わっていて、ずいぶんかわいがっていただき、「やりたいことはどんどんやりなさい。いつでも応援するから」と背中を押してもらっていました。それなら言いたいことを言ってみようと、ズカズカと社長室に押しかけるようになったのです。

その頃は、寝ても覚めても会社を変えることばかり考えていました。がんばって結果を出した人が報われるようにするには、どうしたらいいのか……。

やがて、ものすごくシンプルな結論に至りました。

「ああ、そうか。自分が社長になればいいだけのことじゃないか。社長になれば、自分の思いどおりに物事を決めることができるはずだ。そうやって、この間違いだらけの会社を変えたるわ！」

それからというもの、同僚はおろか、社長や役員がいるところでもおかまいなく、「オレは社長になる。なって、このどうしようもない会社を変えたるわ！」と公言するようになりました。営業や添乗で多くの経営者と知り合いになっていたので、そうした方々から学ぶつもりでもいました。

ところがある日、社長に呼び出されてこう告げられました。

「宮森くん、きみが本気でウチの社長になりたい思いは知っているけどね、それは叶《かな》わなくなってしまったんだよ」

「え⁉　どういうことですか⁉」

食い気味に聞き返すと、社長は寂しそうに言いました。

「来年か再来年に、会社が吸収合併されることになったんだ。きみの熱い思いは、私も痛いほど知っている。でも、いくらがんばったところで、ここで社長になることはできないんだよ」

それが29歳のときでした。実現の可能性はともかく、社長になってやりたいことが頭の中にたくさん浮かんでいたこともあり、その目標がなくなって「30代目前にして、この先どうしようか……」と、しばらくは空虚《くうきょ》な日常を過ごしました。

松井秀喜さんのニューヨーク満塁弾が人生を変えた「オレだって負けないぞ！」

社長になれないことがわかってガックリきてしまい、あれほど楽しんでいた仕事にも身が入らなくなり、やるべきことをたんたんとこなすだけのつまらない日々を過ごすようになりました。しかし、灰色の日々は長くは続きませんでした。思いもよらない衝撃の出来事があったのです。

それは忘れもしない2003年4月8日のこと。ニューヨーク・ヤンキースに移籍した松井秀喜さんが、本拠地ヤンキースタジアムでのデビュー戦で初ホームランを放ちました。それも満塁ホームランを。

ホームランを見た瞬間、マジでしびれて、しばらく立ち上がることができませんでした。というのも先述のように、自分が松井さんを応援したいという理由で「ゴーゴー松井　東京ドーム応援ツアー」を勝手に企画（P33参照）するほどの熱烈なファンだったからです。ジャイアンツ時代は、「プロ野球ニュース」で松井さんのホームランを見ながらビールを飲むのが至福の時間でした。

そしてこの日、豪快な弾道が、あのメジャーで！　NYヤンキースで！

「すごいものを見た……」

大コーフンして感動のあまり呆然としていましたが、我に返って思いました。

「あ、自分もニューヨークに行くんだった！　こうしちゃおれん！」

そう、松井さんが勝負するニューヨークには、特別な思いを抱いていました。専門学校時代に研修旅行でアメリカに行っていくつかの都市を回ったことがあり、その中でニューヨークだけは忘れられない街として記憶に残っていたのです。

ニューヨークというと、同世代や年配の人たちにはテレビ番組『アメリカ横断ウルトラクイズ』のイメージが強いでしょう。「ニューヨークへ行きたいかー！」というアナウンサーのアオリ文句とともに、あこがれが刷り込まれたものです。そして、実体験したリアルなニューヨークの街は、強大なエネルギーでぼくを圧倒したのです。

初めてのニューヨークに夢中になって、学生だというのにリムジンをチャーターするわ、ヘリで自由の女神や100万ドルの夜景を満喫するわと、思う存分ニューヨークを味わい尽くしました。

あのとき、タイムズスクエアの輝くネオン群の中に立って決意したのです。

「またいつか、必ずニューヨークに帰ってくるぞー！　そして、この街でひと旗揚げてやるんだ！」と。

大観衆の喝采《かっさい》を浴びながらダイヤモンドを1周する松井さんを見るうちに、いつしか忘れていたニューヨークに対する熱い思いが、ふつふつと沸《わ》き上がってきました。そして心に決めました。

「この石川県から出た松井さんが、あの大舞台で輝いているんだ。オレだって負けないぞ！　会社のちっぽけなことでグダグダ言ってる場合じゃない。ニューヨークに行って、松井さんのように成功するんだ！」

以来、寝ても覚めてもニューヨークに行くことだけを考えるようになりました。勤めていた会社の社長になることができなくなった失意は消え去り、またヤル気に満ちた日々が始まったのです。

路上に漂うカレーの香りでひらめく「石油王はいても、カレー王はいない！」

松井さんの衝撃のグランドスラム以来、ひたすら考えていました。どうしたらニューヨークに行けるだろう、どうしたらあの世界一の街でひと旗揚げることができるのだろうかと。

旅行の営業や添乗であちこちに顔を出すうちに、自然といろんな業界の人たちとつながりができていたことで、いろんな方から仕事のスカウト的な話がありました。

この頃、たくさんの話が舞い込んできていたので、とりあえず聞いてみることにしました。

アメリカに本社を置く外資系で世界最大級の金融機関の方から声がかかったので何度か面談してみると、「すぐにでも年収1千万、2千万いきますよ」なんて言われました。でも、そこそこの高給取りにはなれるかもしれないけど、なにかぼくの成功イメージとは違うような気がしてパス。

じつはぼくは、若くして選挙運動に首を突っ込んでいたことがあり、「政治家にならないか」という誘いもかなりありました。

「それも悪くないかな」と思ったものの、「待てよ」と考え直しました。先述のように、やりたいのはニューヨークで成功して派手に遊ぶということ。ファーストクラスでニューヨークに向かい、空港からリムジンでタイムズスクエアに乗りつけ、大勢の人たちの注目を浴びる中でバーンと降り立つ──。そんなイメージです。

「でも政治家になったら、そんなことはできんよな。そんな豪遊しているのを見られたら、間違いなく世間に叩かれるだろうな」

さらには、太陽光エネルギービジネスの関係者から、「社長としてやらないか」と何度となく誘われました。かなり悩みましたが、もし、そのビジネスが成功したとしても日本からは出られないので、ニューヨークには行けない……。それはビジネスとしてメジャーになる道ではないなと、やめることにしました。

ありがたいことに、ほかにもいろんな業界から誘いの声はいただきました。でも、どれも決め手に欠ける。

「オレはニューヨークで成功したい。でも、なにすればいいんやろう……」

深い悩みのループにハマりかけていたあるとき、金沢の街中《まちなか》を歩いていると、カレーの香りが漂ってきました。そのときにひらめいたのです。

「カレーでなら、ニューヨークにも行けるんじゃないか⁉」

あるとき不意になにかが降りてくることがあるぼくなのですが、このときもそうでした。政治家や金融マンのときとは違って、今度は自然と「世界的なカレーのチェーン店」の創業者として大成功するイメージが浮かびました。

タイムズスクエアの一等地にカレー屋がそびえ立ち、いつも世界じゅうの人たちが店の前に行列をつくっている。そこにリムジンで乗りつけると、「こんな旨い店を出してくれてありがとう！」とみんなから拍手が沸き起こる――。

おー、完璧じゃないか！

そこで、カレーのチェーンってどれくらいあるの？　と思ってネットで調べてみたら、少しはあるけど、ほとんどないと言っていい状況。これは行ける！　と確信しました。

「石油王はいるけれど、カレー王はまだいないぞ。それならオレがなってやろうじゃないか！」

いま思えば、なにもかもが呆《あき》れるほどザックリしすぎているわけですが、とにもかくにもこうして「カレー道」を歩み始めたのです。

学生時代から毎週食べていた金沢カレーをビジネスにしないと!

突然ひらめいた、カレーでニューヨークに行くというアイデアに自信を深めていきました。カレーには、まだそれほどチェーン店が存在しない。日本では、みんなが食べているにもかかわらず、です。

カレーは多くの人が幼い頃から親しんでいる日本の国民食。おそらくは誰もが懐かしい味の記憶を持っていると思います。

もちろん子ども時代のぼくもカレーが大好物でした。家族みんなでテーブルを囲んで食べる、母や祖母がつくってくれたカレーの味。市販のルーでつくるウチのカレーは、いたってノーマルなものでしたが、いまでも「またあの味が食べたいなあ」なんて、無性《むしょう》に恋しくなることがあります。懐かしいカレーの味は、幼い頃の家族だんらんの思い出にもつながっているのです。

家庭だけではありません。カレーはさまざまな場面で登場しました。

学校給食の一番人気は、もちろんカレー。あっという間にたいらげて、大急ぎでおかわりの列に並びました。同級生たちとワイワイしゃべりながら食べた、林間学校のカレーも忘れ難い。友だちの家に遊びに行ったときもカレーが出てくることがよくあって、ウチとはひと味違う味つけのカレーがとても新鮮でした。

そして中学生時代に、友人と映画館に行った帰りのこと。金沢を代表する繁華街・香林坊《こうりんぼう》の裏通りの「ターバン」で初めて、ドロッとした金沢カレー（次の項で説明）を食べたのです。その後は社会人になっても、毎週、金沢カレーを食べていました。

こうして自分の半生を振り返ると、このときも、あのときもという感じで次から次へとカレーが登場してくる。子どもの頃に慣れ親しんだ味は生涯忘れないと言いますが、カレーはまさにそうですし、さらに素晴らしい金沢カレーに出会った。

（この金沢カレーでビジネスに打って出なくて、なにで商売するんだ！）

そう確信して、具体的にカレー屋を始める準備をスタートしたわけです。

「ドロッとしたルー」「千切りキャベツ」「フォーク」etc.……独特な金沢カレーの由来

カレーは日本の国民食と書きましたが、生まれ育った石川県ではカレーは県民食と言っても過言ではありません。学生時代まではこれが普通だと思っていましたが、添乗員として全国を巡るようになって気がつき始めました。

(あれ？ 石川県人は、日本のどこよりもカレーを食べているのかも)

そして金沢のカレー屋さんで出てくるカレーが、じつは日本のほかのどこでも見られない、とてもユニークなものだということも知りました。

ゴーゴーカレーに足を運んでいただいている方はご存じだと思いますが、金沢市を中心とした石川県のご当地カレーには5つの特徴があります。

［1］ルーは濃厚でドロッとしている
［2］千切りキャベツが付け合わせで載っている
［3］ステンレスの皿に盛られている

［4］フォーク、または先割れスプーンで食べる
［5］ルーの上にカツを載せ、その上にソースがかかっている
正直なところ外食カレーはこういうものだと思い込んでいましたが、こうした特徴は石川県のカレーだけだったのです。

そんなユニークな金沢カレーは、いったいどのようにして生まれたのか。

じつは日本のカレー史は、旧日本海軍を抜きにしては語れません。当時、最先端の技術が集まっていた海軍の船には、庶民が味わったことがないようなハイカラな料理を提供するシェフたちがいました。彼らは戦後、さまざまな地域で腕をふるうようになります。そんな中の誰かが金沢にやって来て、鉄道弘済会が運営する「レストラン ニューカナザワ」で働き始めたのではないかと考えられています。それが、金沢カレーの源流となりました。

そして、この「ニューカナザワ」で洋食部門のリーダーを務めた田中吉和《よしかず》さんが、金沢カレーの原型となるカツカレーを生み出し、ものすごい人気を集めたそうです。それも考えれば自然な流れだと思います。当時は昭和30年代、カレー自体がものすごく珍しいのに、そこにぜいたくなカツが載っているわけですから。

田中さんは1961年に独立して「洋食タナカ」を開店しますが、彼を慕《した》い、ともに腕を磨いた若きシェフたちも次々と独立。たとえば「ニューカナザワ」の和食部門で働いていた野村幸男さんが1964年、当時としては珍しいカレー専門店「インデアンカレー」をオープンします。この店で、ステンレスの皿や先割れスプーンなどが採用されたようです。

「洋食タナカ」はその後、「タナカのターバン」（現在の「カレーのチャンピオン」）に移行。また、「インデアンカレー」がそうだったように、田中さんの「ニューカナザワ」時代の同僚や後輩たちが「キッチンユキ」「アルバ」「大黒屋」などを次々と立ち上げ、金沢に独自のカレー文化が根づいていきました。

やはり、カレーは石川県の県民食。そんな土地で育ったわけですから、「ニューヨークに行くならカレーだ！」と思いついたのも、ある意味で自然な流れだったのかもしれません。

「ウチで修業したいなら物件を決めてきて」「それなら金沢じゃなくて東京だ」

松井さんの満塁ホームランが飛び出したのが4月8日。そして旅行会社を退職したのが8月10日。この約4か月間、添乗の仕事をやりながらカレー屋の開業に向けて奔走《ほんそう》していました。

その準備の中で、もっとも意味があったのがカレー屋での修業です。カレー屋を始めるには、そのノウハウを学ばなければいけません。そう考えて、よく通っていた「カレーのチャンピオン」の加盟店の門を叩こうと思い、すでに加盟しているお店の店主さんが知人のお父さんだったので相談しました。でも、修業できるとしてもかなり多くの人が順番待ちをしていて相当先になりそうとのことだったので、あきらめました。

「カレーのチャンピオン」がダメなら、今度は「ターバンカレー」（P47の「タナカのターバン」ではなく現在の）。こちらも学生時代から、よく通っていた店でした。せっかく味を学ぶのですから、大好きな店で学びたいという強い思いがありました。

さっそく「ターバン」に足を運んで創業者の岡田隆さんに面会し、こう言って頭を下げました。

「ここのカレー、本当においしいので、東京やニューヨークで広めたいんです。お願いですから教えてください！」

我ながら、よくこんなド直球な頼み方をしたものだと思いますが、最初は断られてしまいました。それはそうです。知人でもなければ、紹介者もいない、若い常連客がいきなり頼み込んできたわけですから。

しかし、断られれば断られるほど燃えてくる性分のぼくは、何度も何度もしつこく足を運んでお願いしました。すると岡田さんは修業ＯＫを約束してくれました。ただし条件付きで。

「そんなにウチで修業したいなら、物件を決めてから来てください。そうしたら教えてあげますから」

岡田さんは、ぼくの覚悟を試していたのかもしれません。一時の気分でカレー屋を始めようと思ったのなら、すぐに投げ出してしまうかもしれない。でも、店舗を決めてしまったら、もう引き返すことはできないからです。

「わかりました！　店を決めてからまた来ます！」

岡田さんにそう返事をして「ターバン」をあとにしました。

それから金沢市内で物件を探し始めましたが、ピンとくる物件が出てこない。そんなとき、ある先輩にカレー屋を始める話をしたら「人が多いところを探しているのだったら、金沢で始めるよりも、圧倒的な人口の東京に出したら？」と言われました。そこで「ピカッ！」と大きな光が見えたのです。

（そっか、そんなかんたんなことになんで気づかなかったんだろう！）

これですべて解決です。翌日、会社に辞表を提出しました。

「修業させてあげる」という口約束だけで、会社を辞めて東京行きを決める。いま思えばかなり無鉄砲ですが、ぼくにはこのとき、金沢から東京へ、そしてニューヨークへと続くまっすぐな道が見えていたのです……。

上京して1週間カレー屋を食べ歩き 旨いカレーがなく「オレの舌がおかしい!?」

8月10日で退社し、翌日、始発列車に乗って東京に向かいました。久しぶりに出てきた東京でまず目指したのは新宿です。南口を降りるとすごい人混みで、まず思ったことは、「うわ、これは宝の山だ!」。こんなに人がいたら店が繁盛しないわけがない、「これはチャンスだ!」と手応えを感じました。

そしてすぐに探したのが書店。当時はまだスマホがなかったので、土地勘のない東京で食べ歩きをするにはガイド本を手に入れる必要があったからです。幼い頃からカレーは山ほど食べてきましたが、勝負をかける東京のカレー事情に疎《うと》いので、まずは食べ歩きをしてリサーチしなければと思ったのです。

新宿東口の紀伊國屋書店でめぼしい本を買い揃えると、まずは新宿周辺から食べ歩きを始めました。試しに駅の構内にあるチェーン店でノーマルなカレーを食べたところ、なんだかシャバシャバしていてカレーを食べた気がしない。2軒目、3軒目と回りましたが、同じ印象が続きました。

1週間かけて、ガイド本に出ている都内の店を片っ端から食べ歩きましたが、結局、「これは！」と思う味にはほとんど出会うことができませんでした。「これはまあ、旨いかな」という店はありましたが、わざわざ時間を割《さ》いて通いたいほどの店ではありません。

東京カレー食べ歩きツアーをするうちに、不安な思いが膨《ふく》れ上がっていきました。

（ちっとも旨いとは思えないカレー屋が、東京では流行っている。もしかすると、オレの舌がおかしいのだろうか……）

ぼくにとっては、粘りがあってコクもある金沢カレーが常識だったので、シャバシャバであっさりした、チェーン店のありきたりのカレーを食べて「こんな味が東京ではおいしいとされているのか⁉」と当惑したのです。

しかし、何日も飽きるほど食べ歩いて、こうした不安を打ち消すことにしました。

（いやいやいや、これは自分の感覚が正しいはずだ。オレが旨いと思うカレーを出して食べてもらえれば、東京の人たちは絶対にトリコになるはずだ）

退路を断つために、ゴーゴーにちなんで「2004年5月5日に東京に1号店を出す！」と決めていたので、迷いやとまどいは押しのけて前に進むしかないのです。

食べ歩きと同時に、もう１つ東京でやらなければいけない重要なことがありました。そう、店を出す物件を決めなければいけません。それは先述のとおり「ターバン」で修業をさせてもらう条件でもありました。

とはいえ知り合いもツテもない東京での物件探しは大苦戦を強《し》いられました。とりわけ痛感したのは、お金よりも信用がないことです。

「カレー屋をやりたいというあなたの気持ちはわかるけど、現在は無職ですよね?」

不動産屋に行っても、ほぼほぼ門前払い。このときほど、信用がないことのつらさを味わったことはありません。

それでも必死に物件探しをする中で「その熱意に応えてあげよう」という、不動産屋さんに出会うことができました。それが高田馬場にある「アジアヴォックス」さんで、部屋が借りにくいアジア人への物件探しもやっているところでした。特別に毎日出入りさせてもらって、探し方を教わりました。そして、めぼしい物件を見つけると、不動産業者になりすまし、毎日都内じゅうを見て歩きました。

こうして、数百軒見て回って、２００３年３月、西新宿に見つけたのが地下１階の物件。しかしながら、いままでさまざまなテナントが入ったものの続かなかった、入れ替わりが激しい、いわくつきの物件です。周りから反対もされて、さすがに即決はしませんでした。しかし、オープン日を決めていたので悩んでいるひまはありません。

「ありがとうございます！　ここで店をやらせてもらいます！」

腹をくくって契約書に判を押し、新宿の地下店舗でのオープンが決まったのです。

10

金沢カレーの老舗「ターバン」で修業 水っぽいルーが一晩寝かせると「イケる！」

新宿の物件を決めると、すぐさま金沢にトンボ返り。約束していた「ターバン」での修業が始まりました。ルーづくりは、いまはなくなってしまった伏見《ふしみ》店で岡田社長からマンツーマンで、店舗内オペレーションや接客については香林坊店（当時の場所）で、社長の奥様・岡田良子《よしこ》さんやベテラン女性スタッフさんから教わりました。

カレーづくりの肝となるルーづくりは、基礎からみっちり学びました。数多くのスパイスをどういう順番で、またどういうタイミングで調合していくか、社長のやることを傍《かたわ》らで見ながら、同じことをやるわけです。

〃先生〃の手順を目で見て頭に叩き込むと、次は本番。大きな釜の前に立って、スパイスを手際よく投じていく。ぼくは記憶力には自信があるので、悪くない出来だと思っていました。ところが初めてつくったルーは、学生時代から慣れ親しんだ金沢カレーのそれとはまるで違うものでした。社長の手順をそのままそっくり再現したつもりなのに、水っぽい。シャバシャバしているのです。

「これはちょっとお客さんに出せないなあ……」

頭を抱えていたら、社長が笑いながら言いました。

「いやいや、翌日にはちょうど良くなりますよ」

そして次に、接客を教わりました。スタッフの一員としてカウンターに立ち、お客さんを案内してオーダーを伺い、カレーを提供して片付けるという一連の流れを行います。これは慣れればなんとかなるかと思いましたが、やはり気になるのは寝かせているルーのことです。

そして翌日、自分がつくったルーを味見することになり、かなり緊張しましたが、スプーンに取ったときに好感触がありました。水っぽさはなくなり、金沢カレーのルーと変わらない手応えがあったからです。そして口に入れた瞬間、「よっしゃー！」とこぶしに力が入りました。思い描いていた味が口の中に広がったのです。

「おー、これはイケるぞ！」

その後、お世話になった社長、奥様、女性スタッフなどみなさんにお礼を言って、再び東京に向かいました。

オープンに内装が間に合わないドタバタ
街頭ではチラシを配って大声で「街宣」

創業時のスタッフ、通称「ゴーゴーメンバー」はぼくを含めた5人で、学生時代や添乗員時代の仲間が中心でした。

２００４年5月5日のオープンが刻一刻と迫ってきて、全員、寝る間がほとんどないくらいテンテコ舞いになりました。あれがない！　これはどうした？　とやらなきゃいけないことが次から次へと出てくるのです。店を出すのはもちろん初めての経験なので、すべてが手探り。計画もなにもあったものではありません。

いちばん困ったのが、店の内装や設備でした。物件を決めたはいいものの、店を出すには造作《ぞうさく》を整えなければなりません。しかし業者さんは最初、「この日数では絶対にできない」と言って工事を請けてくれませんでした。物件を決めたのが遅かったことに加えて、テナントが入ったビルなので、日中はほかの店舗の業務に支障をきたすという理由で、夜中しか工事ができなかったのです。

しかしそれではオープンできないので、「じゃあ自分たちでやります！」と告げると、業者さんには資材だけ運び込んでもらいました。

そして、「ゴーゴーメンバー」だけじゃ人手が足りないと、金沢から友人の中村正臣《まさおみ》さんにも来てもらい、床材にドリルで穴開けをしたり基準線出しをしたり、プロがやる仕事を自分たちは一晩でやりきったのです。普通ならあきらめるようなことでもぼくは、「できるか？　できないか？」ではなく、「やるか？　やらないか？」とだけ考えるのです。

「ゴーゴーメンバー」には、金沢の繁華街・片町《かたまち》の飲み屋でボーイをしていた中山弘季《ひろき》さんがいて、その彼がたまたま大工をやっていた経験があり、「そういうことなら、オレができますよ」とみんなを引っ張ってくれて、ネックとなっていた床を作っていく工事を全員で黙々と仕上げました。我ながら、いい仲間に声をかけたものだと思いました。

この無理を実現させた素人集団のがんばりを見た工事業者さんが翌日、「この人たちは本気だ……」と思ったのか、これ以降の仕事を請けてくれました。

内装や設備と並んで懸案となっていたのが、「地下なんだから、ちゃんと告知しないとお客さんは来ない」という問題。これについても店を決めたときからずっと考えていました。

地上では朝から晩まで大勢の人たちが切れ目なく行き来していますが、物件が地下であれば視認性はゼロ。東京に下見に来たときには人混みの光景に圧倒され、これだけ人がいたら繁盛しないはずがないと思っていたのですが……。

そこでチラシを大量につくり、それを手にみんなで街頭に出て「ゴーゴーカレーでーす！」「5月5日オープンでーす！」と、元・大工がつくったプラカードを掲げて声を張り上げながら配りました。

街頭のチラシ配り以外に、近隣のマンションやビルをしらみつぶしのように回ってポスティングも行ないました、その合間に誰かが必要なものを揃えるために買い物に行く。このように、学園祭の準備とほとんど変わらないドタバタのまま、5月5日のオープンを迎えたのです。

12

5月5日に5人組で新宿に1号店出店 55円キャンペーンで連日奇跡の大行列が

5月5日のオープン日。ぼくたち「ゴーゴーメンバー」は、いきなり失態を犯してしまいます。目が覚めたら、もう10時過ぎ。前日まで不眠不休で準備に追われ、なんとかオープンできるメドが立ったので、気持ちが緩《ゆる》んでいたのでしょう。いきなりの大寝坊です。

「やべえ！　早く行かなきゃ！」

店の近く、青梅街道近辺に借りた2DKを寮のようにしていて、一緒に雑魚《ざこ》寝《ね》していた仲間たちを叩き起こし、甲州街道沿いの店にダッシュすると、そこには信じられない光景が広がっていました。店があるビルの地上に、なんと大行列ができているのです。

「これ、ウチの行列なのか……」

半信半疑で階段を降りようとすると、行列はゴーゴーの店に続いていました。開店早々、大行列をつくったのです。

「うおー、これはやるしかない！」

なにがなにやらわからないうちに、記念すべきオープン初日は過ぎていきました。

「なにをやってもうまくいかない」と言われていた、いわくつきの物件に大行列ができたのには理由があります。街角で配りまくりポスティングもしたチラシに、「開店から3日間は55円！」と大々的にうたっていたからです。

この55円キャンペーンと「街宣」（街頭に立って宣伝することです）のアイデアは、「立地の悪さをなんとかしなければ」という危機感の中でひらめきました。ありきたりのことをしたところで、忙しい東京の人たちはたぶん来てくれない。そこから店の名前にちなんだ、カレー一皿55円という大胆なアイデアが浮かんだわけです。

オープン日がひとまず無事に終わって迎えた3日目。創業メンバーの1人で中高時代の同級生だった友人が、営業中にいつの間にか出て行ったっきり戻って来ないので、みんなで心配していました。

そして雑魚寝していた〝合宿所〟に帰ると、全員の荷物が散乱していた2DKが少し広く感じられる。

「あれ？　あいつの荷物がないぞ！」

「バックレやがった！」

無理もありません。それだけハードな毎日を過ごしていたのです。

残された4人は言葉もなく立ち尽くしました。

55円キャンペーンを打った3日間、店には大行列ができ、その後も行列は続きました。というのも、3日間の55円キャンペーンだけでは終わらせず、5月いっぱい500円キャンペーンを行なったからです。これが噂になったこともあり、開店から閉店まで、途切れることのない行列となりました。

しかし慣れとは怖いもの。5月下旬あたりになると行列が当たり前という感覚になり、しまいには恐ろしくなってきました。営業時間が終わったら夜中に毎晩ひたすらカレールーをつくらなければいけないので、寝る時間がないからです。

「あー、またお客さんが来たわ……。今日も全然休めんわ……」

〝いらっしゃいませ恐怖症〟とでも言うのでしょうか、次から次へと店に入ってくるお客さんを見るのが怖くなってしまったのです。

13

キャンペーン終了でパタリと止まった客足 ナメてたと反省し再び「街宣」とポスティング

3日間の55円、さらには5月中は500円という大胆なキャンペーンが当たり、連日、行列ができる人気店となりました。「最近見かける、あの行列はなんだ?」と行列を見た人がまた行列に並ぶので、客足がまったく途切れない。

「あー、今夜も眠れない……」

スタッフ全員が、立ちながら寝てしまうような状態でした。幻覚が見えて、カレールーと間違えて油をかけそうになったり、営業後にラーメンを食べながら寝てしまい丼の熱いスープに顔を付けてしまって「あちー!」とヤケドしたり……。

そんな状況の中、6月になってキャンペーンが終わると、それまでが嘘のようにパタリと客足が止まったのです。それは予期しない出来事でした。

キャンペーン中、毎日のように並んでくれたお客さんはたくさんいました。すごく仲良くなっていた人もいたのですが、みんな6月1日を境にピタッと顔を出してくれない。「東京の人ってこんな冷たいんか……」と人間不信に陥《おちい》りそうでした。

広告塔の役目を果たしていた行列がなくなったこともあって、忘れていた地下のハンデをあらためて痛感することになりました。

「あー、信じられんわ……」とスタッフ全員でボヤいていました。

「あんなに仲良く話しもしてた人ら、どこ行ったんやろ」

「違う店でランチ食べとるんかな」

「東京って一筋縄《ひとすじなわ》じゃいかんね」

「もう大丈夫やろ」という気持ちがわずかとはいえあったことは認めなければいけません。

すぐに客足が止まってしまったことで、現実を突きつけられ、素直に自分の考えが甘かったことを反省しました。

いわくつきの地下物件の店に大行列ができたのは、街宣やポスティングをなりふりかまわずやったから。

「よっしゃ！　また街宣やっぞー！」

ぼくらは気合いを入れ直して、再び自分たちでポスティングと、朝昼晩の街宣を始めました。目立つようにプラカードやのぼりを持って、誰にも負けない大声を張り上げます。これが本気度をアピールする最大の力になります。そうすると人が集まってきて、メディアにも注目されるようになっていきました。

「いま、噂のゴーゴーカレーです！」

「クセになる味、ゴリラのゴーゴーカレーです！」

やっぱり本気で汗をかくと人の心に届くようです。新しい常連さんがじわじわと増えてきて、少しずつ客足が戻りました。こうして店内は、再び活気に包まれたのです。初心に返って「本気」がキーワードであると目覚めさせてくれた、6月最初の出来事でした。

14

「チャラい若造、けっこう本気なんだ！」必死さが伝わり周りが応援してくれ始めて

1号店を出した直後、ぼくたちは周りのお店から反感を買っていました。無理もありません。飲食のノウハウをまったく知らない若造たちの店が、いきなり大行列をつくって迷惑をかけてしまったのですから。おかげでなにかとクレームをつけられることになりました。

「おい、こんなところに物を置くな！」これは隣の焼き鳥屋さんからのクレーム。ジャマなところに物を置く、こちらが悪いですね。

「こんなところで寝ないでください！」こちらはビルの管理人さん。この言い分ももっともです。なぜなら不眠不休に近い形で働いていたので、気を失うようにして、店の入り口に敷かれたダスキンのマットの上で気絶していたんですから。力尽きて〝合宿所〟に帰れなかったのです。

「ちょっときみたち、道路まで続く行列をなんとかしなさい」

近隣住民、もしくはテナントから通告があったのか、警察からも再三注意を受けました。新宿という土地柄、コワモテのお兄さんから難癖《なんくせ》をつけられたことも1度や2度ではありません。しかし逆風はいつしか追い風に変わっていきました。

ビルの管理人さんは、「こんなところで寝たら風邪《かぜ》ひくぞ」とブランケットを持ってきてくれるように。隣の焼き鳥屋さんは、家路につく常連さんに「隣のカレー屋さん、すごくおいしくて評判なんですよ。今度寄ってみてください」と紹介してくれるようになりました。コワいお兄さんたちにも元気良く「こんにちは！」とあいさつを続けていたら、やがて食べに来てくれて、「金沢のカレーって旨いなあ！」とファンになってくれました。

あいさつと言えば、店の前を頻繁に行き交う宅配便や運送屋の人たちに、「街宣」しながら「ゴーゴーカレーです！　おはようございます！」と声をかけていたら、そのうち言葉を交わすようになって店に足を運んでくれるようになりました。

周りの見る目が大きく変わった理由はただ1つ、スタッフみんなの本気が伝わったから。それ以外に考えられません。

右も左もわからない素人だったぼくたちは、周りのお店や管理人さんにたくさん迷惑をかけました。でもやがて、「あいつらチャラチャラしてだらしないかと思っていたら、あいさつはしっかりしているし、毎日ぶっ倒れるまで働いてるぞ」という見方になり、応援してくれるようになったのでしょう。

常に全力で実直に商売に取り組んでいれば、必ず誰かが味方になってくれる――。このときの経験は、商売を超えた人生の大きな教訓となっています。


こうしてお客さんだけでなく、同業者のみなさんにもしだいに愛される店となっていった1号店。とはいえスタッフが、いつもダスキンのマットを寝床にしているのも考えものです。「こんな無茶を続けていたら、さすがに倒れるかも……」ということで、連日24時間働きづめの状態を緩和《かんわ》しなければと思いました。

睡眠時間を確保できなかった最大の要因、それは場所に問題を抱えていたからです。時間と労力がかかるカレールーづくりは、それなりのスペースが必要です。たった8坪しかない1号店では、営業中にそれを行なうことができません。必然的に営業終了後に行なうことになり、徹夜になってしまうのです。

「これは別のところに、カレールーづくりの場所を借りないと……」

思い立ったら迷わず行動に移すぼくは、店を仲間に任せて物件探しを始めました。そこで見つけたのが代々木の小さな物件。以前はカフェだったところを借りて、そこでカレールーづくりを始めたことで、「眠れない問題」はかなり解消されました。

さらに、せっかく物件を借りたので、ルーづくりだけに使うのはもったいないと、ランチ営業をすることにしました。これが2号店となりました。

この代々木店は、12月5日にオープン。冬なのに春のように暖かい快晴の日でした。ぼくらは再び55円キャンペーンを行ない、またしても大行列が！　そしてまたもや、周りの八百屋さんやコワいお兄さんから「行列どうにかしろ！」と怒鳴られる羽目に。「すいません！　なんとかします！　もう少しだけお待ちください！」と真摯《しんし》に対応することで、味方を増やしていきました。

睡眠時間確保のためというきっかけで始まった2号店。こうしてゴーゴーカレーはチェーン化のスタートを切りました。翌2005年には、『日経トレンディ』の特集「カレーチェーン選手権」で、たった2店舗だったのにもかかわらず、ルー・カツ・ライスの部門で3冠を達成しぶっちぎりの優勝。やはりメディアの力はすごい！　それを見た人が食べに来てくれるようになり、鹿児島から食べに来て、やはりおいしいからと加盟店になってくれた人もいました。

15

なにをやってもダメと言われた地下物件　それでも「やる！」と腹をくくって突き進む

「素人がいきなり飲食始めるって、うまくいくはずないだろう」

旅行会社を辞めてカレー屋を始めるという決断を明かしたとき、周りの人たちはほとんどがそう言って反対しました。「で、どこでやるんだ？」と聞かれて東京と答えると、「東京っておまえ、そんな甘くはないぞ。商売をナメんな」と返ってきます。

ところが新宿に出した1号店が行列のできる評判の店になり、チェーン店を増やしていくと、そうした声は聞こえなくなりました。代わって批判していた人たちが言い出したのは、「東京には人が大勢おるから、そりゃあ、なに売っても売れるわなあ」ということ。

このとき思いました。無責任に批評するのはかんたんだけど、やったことない人の話は聞かなくていい。いつでもどこでも、誰かの足を引っ張ろうとする人たちはいるものです。特に同調圧力の強い日本では、思い切ったことをやろうとすると、頭ごなしに反対したり、批判したりする人がたくさん出てくる。

しかし周りの声を気にしていたらなにもできない。ぼくは、なにを言われても気にしないどころか、「できるわけがない」「どうせ失敗する」という声に奮起して店を立ち上げビジネスを広げてきました。


前例にないことを恐れるなという点で教訓になったのは、1号店の立地です。すでに書いてきたとおり、西新宿の地下物件はなにをやってもダメというういわくつきの物件でした。ほとんどの人は、ちょっと考えて「ここはやめたほうがいいいな」と手を引くと思います。でも「やる！」と決めて腹をくくった。

生まれ持っての気質だと思うのですが、ぼくは難題に直面してやりとげるのが快感なんですね。無理と言われると燃えるタイプなのです。

前例にないこと、他人がやろうとしないことをやろうとするとき、多くの人がまず「できない理由」を考えます。しかしそれでは、いつまでもチャレンジすることができません。挑戦なくして成長なし。ぼくはあえて挑戦する道を選びます。


たまに講演に招かれると、ぼくはみなさんにこう問いかけます。

「みなさん、空を飛ぶことができますか?」

するど会場は、「なにをいきなり聞くんだ、人間は飛べるわけなんかないだろう」といった雰囲気に包まれます。そこでこう言います。

「最初からできないって決めつけるとそれ以上は考えなくなる。飛行機やヘリコプターに乗るなど、本気で考えれば方法はいくらでもあるはずです。まずは、少しでも可能性がないか考え抜くことが大事だと思うんです」

その話に続けて1号店の立地のエピソードを紹介すると、言いたいことがしっかりと伝わるようです。

大事なことは、「できるか? できないか?」ではなく、「やるか? やらないか?」。

これがぼくのモットー「パーフェクトポジティブ」の根本となっています。

コクと深み＝旨さの秘訣は焙煎《ばいせん》と熟成 55の工程と55時間かけるカレールー

ゴーゴーカレーが東京の人たちに受け入れられたのはなぜか。それは積極的にチラシを配って、55円や500円キャンペーンを伝えていったからだけではありません。右も左もわからないまま毎日大騒ぎしていた創業メンバーですが、カレーづくりにはいっさいの手抜きをせず、本気で取り組んでいたからです。

ゴーゴーカレーは55の工程を経て、5時間煮込んでつくられています。なにからなにまで5絡みでネタかと思われるかもしれませんが、事実です。

創業した頃、ぼくたちはよく「いやあ、カレーのルーづくりってこんなに手間ひまがかかるもんやとは思わんかったわ」と話していました。そこで試しに工程を数えたところ、50ちょっとあったので、さらに工程を細分化することで、ゴーゴーらしく55工程になったわけです。

当初、カレー屋なんてラクだろうとタカをくくっていました。しかし「ターバン」

で修業をし、実際につくってみると、想像を絶する労力と時間がかかることを痛感させられました。創業時は自分たちでイチから全部やっていました。毎日、8キロのブロック肉を牛刀で細かく切ったり、玉ねぎ10キロを刻んだり……。

そして、55の工程の時間や順番をちょっとでも間違えると、風味や味が変わってしまう。ルーには水を投入しますが、水を注ぐタイミングと火加減が非常に難しい。火が強いと焦げ付いてすべてが台なしになってしまうし、逆に弱いと水っぽくなってしまう。

おいしさの秘訣は、スパイスの焙煎とルーの熟成に手を抜いていないことも大きいと思います。

ルーはできたそのとき味わっても旨いですが、すぐにはお客さんに提供せず、2晩寝かせています。いまは工場や倉庫で約48時間寝かせていて、店に運ぶ時間を加えると、ほぼ55時間になる。しっかり寝かすことで熟成が進み旨味が増すのは、ぼくの舌の感覚＝「ベロメーター」（P153参照）が保証します。

「ゴーゴーのカレーはコクと深みがあって、クセになる味わいですね」

カレー好きの方々から、そんな嬉しい声をいただくことがあるのですが、それも手間と時間をかけて、焙煎と熟成をしっかりやっているから。世の中のチェーンなどで、シャバシャバなカレーに出くわすこともありますが、そういう店はスパイスをたんに水増ししているだけなのでしょう。

お店でも家庭でも同じですが、カレーは手間ひまかければかけるほどおいしくなるのです。

予想以上の大人気マスコット「ゴリラ」は曽祖父と祖父に似ていると気づいた

ゴーゴーカレーというと、多くのお客さんがマスコットのゴリラをイメージされるかもしれません。

オープンまではほとんど行き当たりばったりで進めていきましたが、なぜかマスコットだけはしっかり準備をしていました。誰にでも覚えてもらうお店にするには、料理だけでは足りない。「これがゴーゴーカレーだ！」とひと目でわかる、強烈なインパクトがあるマスコットが必要だと考えていたのです。

頭の中には、これしかないというイメージが浮かんでいました。大好きな松井秀喜さんのニックネームである、ゴジラです。ところがリサーチしてみると、とんでもない額のお金を払わないといけないようです。ぼくは泣く泣くあきらめ、「まあ、語感が似ているからいいか」というだけでゴリラに白羽の矢を立てました。こちらはゴジラと違って、まったくお金がかからない。さっそく、知人に紹介されたタフデザインプロダクトの野村貴久《たかひさ》さんに頼んだところ、迫力満点のロゴマークが届きました。

そうした経緯で創業以来、ゴーゴーはゴリラを前面に押し出してきましたが、その効果は予想以上に絶大なものがありました。とにかく子どもはゴリラが大好きなようで、看板や着ぐるみのスタッフを見た瞬間、「うわー！ ゴリラだー！」と大喜びで駆け寄ってくるのです。こうなると大人たちは、子どもに引っ張られてゴーゴーカレーに入るしかない。ゴリラはこれ以上ない〝客寄せパンダ〟になってくれたのです。客寄せゴリラですが……。

さて、そのゴリラ、あとあと気づいたんですが、じつは大好きだった祖父と、子どもの頃、実家に飾られていた遺影の曽祖父に似ているんです。あの「への字」に曲がった口元なんかそっくり。

店舗にも会社内にも、いたるところにゴリラのロゴマークや置きものがあるのですが、なにか気配を感じて振り返ると、あのゴリラが自分を見つめている。ご先祖が見守ってくれている気がして、大変なときでも力が湧いてくるのです。

金沢カレーの特徴はドロッとしたカレールー。

2章 ★ 海外進出の格闘

ニューヨーク出店は創業3年後の5月5日
ツテがない中「mixi」松井ファンの協力が

西新宿の1号店を出したのが2004年5月5日。それからちょうど3年後の2007年5月5日、かねてからの夢だったニューヨークに店を出すことができました。ぼくはあこがれの大スターと同じ大舞台（!?）に立ってたたかうことになったのです。

ニューヨークに店を出すのは1号店のときの数倍大変でした。添乗員時代にたくさん海外に行ってはいたものの、英語は不得手。現地にツテがほとんどなく、ニューヨーク石川県事務所がある程度で、すべてが手探りでした。そんなときに助けてもらったのが松井さんファンの方々。当時、SNSの「mixi」には「ヤンキース松井のファンの集い」のようなグループがあり、それを知ったぼくはさっそくそこに入り込んでいきました。

「日本でカレー屋をやっている者です。ニューヨークに店を出したいので、力を貸していただけませんか？」

みなさん異国の地で旨いカレーに飢えていたのか、松井さんのファンにはいい人が多いのか、驚くほど協力してくれたのです。

ファンのみなさんと仲良くなって、ヤンキースタジアムに試合を何度も見に行きました。そういうときに松井さんは活躍してくれたりするので、「よーし、松井さんも打ったし、チームも勝ったー！」と盛り上がって、そこから出店にも弾みがつきました。

ニューヨークに長年住んでいるファンの方から、物件のことや食材の仕入れについて親切に教わり、かなり助けられました。中には、通訳をしてくれたり、車を出して物を運んでくれたりする方もいて、なにより仲間がいるというのが心強く、「この人たちのためにも早くおいしいカレーを届けなきゃ！」という使命感のようなものが芽生えていきました。

１号店のとき同様、ネガティブなことを言ってくる人はたくさんいました。「日本ではうまくいったかもしれないけど、文化の違うニューヨークは厳しいぞ」とか、「あっちの人は豚肉を食べないから苦労するぞ」とか。でも、そんな無責任な「外野」の声はまったく相手にせず、自分の信じることにだけ集中したのです。

19

オープン前には攪拌《かくはん》機で苦難の道 届くまで2か月で、歩道に放置され

ニューヨークでの出店にあたって、もっとも大きな障壁となったのが、ルーをつくるための、大きなミキサー式の鍋のような攪拌機です。新宿1号店の出店でも、最初、それがなくて苦労していただけに、今回は早めに探し始めました。

あらゆる情報を頼りに、あちこちに出かけたものの空振りばかり。しかし、マンハッタンの道具街で必死に探したところ、攪拌機が載っているカタログを見つけました。オハイオ州のクリーブランドに、それをつくるメーカーがあったのです。

メーカーに問い合わせると、「1か月もあれば届きますよ」と言うので、代金の半分を支払ってあとは到着を待つだけになりました。5月5日のグランドオープンは、2か月近く先のこと。新宿1号店のときよりもスケジュールには余裕があり、攪拌機についてはクリアした気になっていました。

ところが、注文から1か月が経《た》っても届かないのでメーカーに電話を入れると、

「もう工場は出ました。向かっているはずです」と言う。ソバ屋の出前じゃあるまいし……。「じゃあ、いまどこにあるんだ」と訊ねても「知りません」。日本の追跡サービスのような細やかな配慮がないので、もう待つしかないわけです。

ぼくたちは「街宣」でチラシを配りながら、ニューヨーク1号店のオープンが5月5日であることをアピールしていました。このように日にちを決めてのPRはアメリカでは珍しいようです。なぜか。アメリカは思いどおりにならないことが多すぎるからです。だから、出店や新譜のリリースなど、普通は「coming soon」なのです。つまり日を定めない。

そして、攪拌機は待てど暮らせど届く気配はなく、5月5日を迎えることになりました。カレールーを混ぜるためにずんどう鍋を並べて、草津温泉の湯もみのような作業をやることになったのです。

結局、開店翌日の5月6日に届きましたが、そこでもひと悶着《もんちゃく》ありました。開店の準備をしていて外を見ると、店先にトラックが停まり、搭載されたクレーンで攪拌機を降ろしています。こんなに遅くなって、と怒りをこらえて出て行くと、彼らは巨大な攪拌機を無造作に歩道に置いたまま、残る半額の小切手をもらって帰ろうとする。「店内に運び込んでくれよ」と頼んでも、「オレたちの仕事はここまでだ」と譲歩する気配がない。さすがに頭に来て「そんなことなら、残りの半金は払わんぞ！」と言うと、「そんなら持ち帰るぞ」。本当にトラックに載せようとするので、「それだけは勘弁してくれ」と泣く泣く支払い手続きをして引き取ったのです。

歩道には巨大な攪拌機が放置されることになりました。そのまま店に運び込むにはとてつもなく重いのでしばらくそのままにしていたら、警察に「早くどかせ」と注意されました。そこで急きょ、ニューヨークで知り合った日本の方々に集まってもらい、人海戦術でなんとかかんとか店内に運び込むことができたのです。

2か月待って、ようやく厨房《ちゅうぼう》に据えつけられた攪拌機を見て、ぼくはある先輩経営者の言葉を思い出しました。「ニューヨークに店を出します」と言ったぼくに、アメリカでのビジネスの経験がある彼は、こう言いました。

「アメリカで商売するには、大事なことが3つある。1に焦るな、2に怒るな、3にアテにするな、だ」

ああ、まったくそのとおりだ……。攪拌機の一件で、ぼくはすべてが思いどおりにいかないというアメリカの現実を思い知らされました。しかしその一方で、仲間と一緒に力を合わせれば不可能なことはない、そんな自信もつかんだのです。

20

ニューヨークでも「街宣」&55セント作戦 本気な姿が伝わりここでも長蛇の列が

ニューヨーク出店時は創業から3年経ち、すでに東京と北陸を中心に17店舗を展開していました。そして日本での出店キャンペーンの手法を、そのままニューヨークにも持ち込みました。そう、徹底したチラシの配布と、55セントの大安売りです。

日本で効果を発揮したポスティングについては、住宅やビルの事情が日本とは異なり、管理人が立ち入らせてくれないことが多く、枚数をさばけません。そこで自らゴリラの着ぐるみ姿になり、ひたすらタイムズスクエアでチラシを配りまくる作戦に出ました。プラカードとチラシを持っての「ゴーゴー街宣」です。

すると、大声を上げてチラシを配るゴリラのインパクトに加えて、55セント（現在の70円程度です！）という破格の安さもあいまって、5月5日のオープン日は長蛇の列ができたのです。

日本ではチラシはなかなか受け取ってもらえないのに対して、ニューヨークは違いました。チラシを配るという手法自体が珍しいようで、道を行き交う人たちが次々と手に取ってくれるのです。

さらにゴリラの着ぐるみが、日本をはるかに超える絶大な効果を発揮しました。全米や国外からの観光客でごった返すタイムズスクエアでチラシを配っていたところ、映画『キング・コング』の舞台がニューヨークだったこともあってか、黒山の人だかりになったりしました。

「ユニークなヤツがいるぞ！」

記念写真をせがまれるわ、パフォーマーと勘違いされたのかチップまでもらえるわと、ものすごい反響に。こうして大量に印刷したチラシはなくなっていきました。

さらにオープン以降もずっと「街宣」を続けたことで、新宿1号店のようにピタリと客足が止まるということはありませんでした。ぼく自身、お店に寝泊まりしながら、住み込み同然の状態で半年間ずっと「街宣」をやりました。こうして汗をかくことで客足はむしろ伸びていったのです。

その後、いろんな国に行きましたが、日本以外で「街宣」を見たのは香港ぐらいで、外国では珍しいことです。チラシを配るゴリラはいつしか界隈《かいわい》で話題になり、地元のテレビや新聞にも取り上げられるようになっていきました。

念願のニューヨーク出店は、大きな苦難はあったものの、予想以上の滑り出しを見せました。それにはいくつかの理由があると思います。

まず第一に、ゴーゴーカレーの味です。おいしいものが受け入れてもらえるのは世界共通ということ。オープン後、お客さんの様子を観察していたときのこと。カレーになじみがないのか、おそるおそるフォークを口に運んだお客さんの表情が、次の瞬間変わるのです。向こうの人たちはリアクションが大きいこともあって、「おい、なんだこれは！　めちゃくちゃ旨いぞ！」と目を白黒させて驚いている。

アメリカには「ピザが好きなら毎日ピザ」というような偏食家も少なくないので、ランチに来た人が夜も来てくれるケースが多々ありました。1日に2度どころか、翌日も翌々日も、とにかく毎日来てくれる常連さんがたくさんできたのです。

毎日「街宣」をしていると、街頭に立っている警察官とも仲良くなり、テイクアウトで買いに来てくれることもありました。とてもフレンドリーで、「本当に自由の国なんだなあ」と実感したものです。

また「日本食＝ヘルシー」というイメージが広がっていた中で、その追い風にも乗ることができました。カツカレーがヘルシーと捉えられたのは驚きでしたが……。

ちなみに、「アメリカ人は豚肉は食べない」と出店前に聞いていたのですが、そんなことはありませんでした。たしかに、ベジタリアンが多かったものの、みんな旨い旨いと言いながら、カレーに載ったカツを食べています。この経験は、とても大きな自信になりました。

「本物なら、コンセプトを変える必要なんかない！」

そんな教訓を得ることができたのです。

ニューヨークだからとか東京だからとかいったことは関係なく、人類はしょせん一緒なのだと思います。「外国は文化が違うから」とか頭でっかちに考えていたら、ここまでの成功はなかったことでしょう。

机上の計算もたしかに必要なことかもしれませんが、それ以上に大切なのは、自分で「やる」と覚悟を決めたことを貫《つらぬ》き通す姿勢です。その本気度が、国境や文化の違いを超えるのです。だからこそ、本気の「街宣」で行列ができ、おいしいカレーに笑顔がはじけていくのです。

そして、ニューヨーク出店に際して、頭の中にあったことはただ1つ、「ニューヨークの人たちに、日本のゴーゴーカレーの味を届けたい」という思いだけ。

そのためにはとにかく店を知ってもらうことだと、ひたすら街頭に立ち続け、ゴリラになってチラシを配りまくった。そんな、ありきたりじゃない本気の姿がニューヨークの人たちにも伝わったのだと思います。

21

スタッフが3日間いなくなり留置場に⁉ 日米の文化が違って苦労の連続

夢にまで見たニューヨーク出店で、そのときすでに他界されていた「ターバン」創業者の岡田隆さんとの約束を果たせたこと、そして学生時代から慣れ親しんだ地元・金沢の味がニューヨーカーたちを魅了したこと。それは胸が熱くなるような光景でした。

ところが、感慨にひたっているひまはありませんでした。というのも、毎日のように日本ではありえない〝事件〟が発生して、舞台裏は蜂《はち》の巣をつついたような騒ぎになっていたからです。

たとえば、スタッフにアフリカ系の男性がいて、真面目に働いていましたが、あるとき急に来なくなって音信不通に。しかし、3日後にまたひょっこり顔を出したので、どうしていたのか訊《たず》ねたところ、なにごともなかったかのようにこう言いました。

「ちょっと留置所に入れられてね」

「はあ？」

物騒な事件に巻き込まれて捕まっていたと言うのです。

するとしばらく経って、営業中に別のスタッフが急に「外から電話があって、帰っていいか？」と言うので、理由を聞くと、

「ダチが撃たれた！」

「はあ？」

少しずつわかってきたのですが、ニューヨークはリアルにギャングが暗躍《あんやく》している銃社会なんですね。ウチの店には、そうした荒《すさ》んだ地域で育ったスタッフもいたわけです……。


ぼくが野球好きなこともあって、ゴーゴーカレーでは店長を〝キャプテン〟と呼んでいます。ニューヨーク店のキャプテンは当初、3か月交代で日本から呼んでいました。ところが、次々と病《や》んでいく。精神的につらくなってしまうのです。

「おい、キャプテンなんだからしっかりしろ！」

そう言って叱咤激励《しったげきれい》していましたが、彼らがつぶれるのは無理もありません。と

いうのも、従順でおとなしい日本人と違って、アメリカ人はハッキリとモノを言うからです。口を開くと出てくるのは「給料を上げろ」「保険を付けろ」「これはオレたちの仕事じゃない」とか……。しかも、前述のように留置所に入れられて職場を離脱するスタッフまでいるわけです。

思ったように店を運営できず、泣きながら「日本に帰らせてほしい……」と懇願《こんがん》するキャプテンまで出てきて、さすがに人選を再考せざるをえなくなりました。日本では好成績を収めたキャプテンの経験も、ニューヨークではほとんど役に立たない。ならば、今度は現地スタッフに白羽の矢を立てることにしました。

オープンからとてもがんばって働いてくれていたフィリピン系の男性スタッフ、ロネルさんを、思い切ってキャプテンに昇格させたのです。すると、彼が仲間を呼んできてくれたことでフィリピン系のスタッフが一気に増え、お店はワンチームとなり、元気を取り戻してうまく回り始めました。そんな彼とは今でも家族ぐるみの付き合いをしています。

22 チームワーク&絆があるから個人主義のアメリカ人が辞めない

アメリカ1号店は当初、いかにもアメリカらしいアクシデントに振り回されたりしたものの、オープン1年後には売り上げが2倍に、3年後には3倍にまで伸びるという成長を果たしたのです。

そこでオープン5年後からは、アメリカ国内に店舗を増やしていき、それらの店舗も順調に対前年比を超える売り上げを記録していきました。

そして現在、ニューヨーク州では8店舗を展開。さらにマサチューセッツ州、テキサス州、ニュージャージー州でもそれぞれ1店舗を運営しています。

こうした成功の理由はいくつかあると思いますが、いちばんは、日本とアメリカという国の違いはあっても、心の部分では同じであったということです。アメリカというと、裁判だらけ、なにかあったらすぐに仕事を辞めてしまう、といった印象が強いかもしれません。そうした面もあるのかもしれませんが、実際にアメリカ人と働いたぼくの感覚では、日本もアメリカもそう変わらないと思います。真心《まごころ》でぶつかれば、彼らはちゃんと応えてくれる。

おかげでニューヨークの店舗では16年前のアメリカ1号店の開店当時を知るスタッフが、いまもたくさん働いてくれています。彼らはゴーゴーの一員として働くことに誇りを持ち、信頼できる親戚や友人などをたくさん紹介してくれました。その人たちもまたゴーゴーを好きになってくれて、いい流れが生まれています。チームワークという点でも、日本の店舗にまったく負けていないと思います。


スタッフたちの活躍もあってアメリカの店舗は、地域で愛され、親しまれるようになっていきました。そのことを実感したのが2011年のニューヨークマラソンでのこと。店のロゴ入りTシャツを着て走ったところ、「オー、ゴーゴーカレーだ！」と沿道の人たちが大声援を送ってくれたのです。

じつはこれが、ぼくにとって初めてのフルマラソン。にもかかわらず4時間を切ることができたのは、信じられないくらいの大声援があったからだと思います。

「うわ！　ウチの店、こんなにニューヨークで知られてるんだ！」と思うと嬉しくなって、疲労感も吹き飛んでしまったのです。

ニューヨークで認知された効果を実感したのは、もちろんマラソンで走っているときだけではありません。ニューヨークのアメリカ1号店のオープンから4年半が経った2011年10月、ゴーゴーカレーは南米にも進出しました。出店したのはブラジルのサンパウロ。世界のビジネスの中心・ニューヨークで成功したことで、出店にこぎつけることができたのです。

ニューヨークで成功すると、周りが「あのニューヨークで！　すごいですね！」と驚くほど評価してくれて、ものすごくいい流れが生まれる。

石橋を叩いて渡るように地元から着実に店を増やすのもいいかもしれませんが、それでは時間がかかってできることが限られてしまう。しかし、思い切っててっぺんから攻めると、うまくいったときには自然と裾野《すその》に広がっていき、大きなリターンが返ってくる。この「てっぺん戦略」によるニューヨークでの成功には、それだけの価値があるのです。

ぼくが地元の金沢ではなく、東京、それも新宿という日本有数の繁華街に1号店を出したのも、日本国内におけるてっぺん戦略と言えると思います。新宿で行列ができたことから瞬《また》く間に全国にその名が広まり、鹿児島や沖縄といった遠方でも店を出すことができたのです。これが金沢から始めていたら、ここまでの展開はなかったでしょう。

もちろん、てっぺん戦略にはリスクが伴《ともな》います。熾烈《しれつ》な激戦地で勝負を挑むのですから、勝利を収めるのはかんたんではありません。敗れ去る人もたくさんいる。しかしハードルは高ければ高いほどいいと考えています。それが、さらなる成長を促すからです。

挑戦なくして成長なし。

くり返しますが、ぼくは、無理と言われると燃えるタイプなのです。

23

星稜高校で松井さんが語ったエピソード 四番の座を直訴し自分にプレッシャーを

周りの声に左右されず、やりたいことに突き進む。そのことの大切さを、敬愛してやまない松井秀喜さんも、最近、お話しされていました。

2022年10月15日、彼の母校である星稜高校で創立60周年記念同窓会が開催され、4年ぶりにアメリカから帰国した松井さんのトークイベントが行なわれました。ぼくはOBではありませんが、これはぜひとも参加しなければと思い、スケジュールをやりくりして金沢に駆けつけました。

会場には同校の卒業生を中心に、在校生、関係者など約1200人が集まり、松井さんの話に耳を傾けていました。

「ぼくには、(星稜のスクールカラーである)黄色い血が流れていますから」とか、60周年同窓会に参加した理由は「高校通算ホームランが60本だったから」などと、いつものようにユーモアを交えて語った松井さん。しかし、ヤンキースへの移籍に話題が及ぶと、松井フリークのぼくも知らない意外なエピソードが飛び出しました。

松井さんのヤンキースに対する熱い思いは、1999年のシーズン終了後、プライベートでニューヨークに試合を見に行ったときに生まれたそうです。超満員のヤンキースタジアムで彼らのゲームを見て、気持ちの昂《たか》ぶりを抑えられなかったと言います。

「自分も、レジェンドたちが袖を通したピンストライプのユニフォームを着て、この大舞台に立ちたい」

松井さんはこの思いを胸にしまうことなく、さっそく行動に移しました。帰国後「来季は四番を打たせてほしい」と直訴しました。

松井さんといえば、どちらかというとチームプレーヤーというイメージがあります。周りへ気配りを欠かさず、ワンマンにふるまったりしない人柄で知られています。それは伝説となった甲子園での5打席連続敬遠のときの、感情を抑制した行動にも表れています。その松井さんが、自分の意思をチームに伝えたのです。

そのときの心境を、彼は講演会で次のように語りました。

「ヤンキースでレギュラーを張ろうと思ったら、巨人で四番の座が与えられるのを待っているだけじゃダメ。それをつかみにいくことで、自分にプレッシャーをかけようと思ったんです」

そして2000年シーズン、松井さんは135試合すべてで四番を務め、42本塁打、108打点と2冠を達成。打率も3割1分6厘とキャリアハイを記録しました。

こうして殻《から》を破り、トレーニングに打ち込んで大きく飛躍を遂げた松井さんは、2003年のヤンキースへの移籍へと突き進んでいくのです。

約束された地位に安住せず、批判されるのを承知で夢を叶えるために勝負に出る。当時、ヤンキースタジアムの舞台に立った松井さんを見て、ぼくも「ニューヨークに行って、ビジネスでメジャーになる!」と刺激されたことは述べてきましたが、あこがれの松井さんが明かした真実を聞いて、あのときの熱い気持ちが蘇《よみがえ》ってきたのです。

揚げたてのカツの載った温かいカレーを提供するためには、スタッフのスピードと連携が重要です。

3章★慢心が呼び込んだ危機

赤字店舗が出てきて貸付金の未回収も人材育成を怠り先行きに暗雲が……

夢のニューヨーク進出を実現し、ご当地グルメブームにも乗って快進撃を続けるゴーゴーカレーは、ひんぱんにメディアに取り上げられるようになりました。しかし、世の中は甘くありません。２０１０年を過ぎた頃から、しだいにキャッシュフローが悪化し始めました。

１号店を出してから、イケイケドンドンの勢いで首都圏と北陸、そしてニューヨーク、さらには東南アジア圏を中心に店を増やしていきました。

とにかく店を増やせばいいという勢い任せの拡大路線。突貫工事でギリギリ開店期日に間に合わせた１号店のノリで場当たり的な経営を続けていたので、あちこちに歪《ひず》みが出てきました。

店が増えると必然的に多くのスタッフを雇《やと》わなくてはいけません。しかし頭数《あたまかず》さえ揃えば店が回るというものではありません。ゴーゴーのミッションやビジョンを熟知し、経験や技術を持ったスタッフがいなければ、不良店舗になってしまう。

店が生まれるたび、スタッフ不足を補《おぎな》うために優良店舗から力のあるスタッフを新規店舗に回すようになりました。こうなると、新規店舗側はなんとかなっても、引き抜かれた店のほうがガタついてしまう。

次から次へと店舗を増やすゴーゴーは、はた目にはものすごく勢いがあるように見えたかもしれません。しかしその実態は、闇雲に戦線を拡大しているだけで人材育成がまったく追いついていなかったのです。

問題はそれだけではありません。当時は独立制度を導入し、独立したそれぞれの会社で銀行から資金調達しながら出店していて、足りない分はゴーゴーカレーグループから貸付けしていました。その独立した会社のお店が赤字に陥《おちい》り、毎月の返済が滞《とどこお》るようになったり、また、香港に出した店の黒字化が予想以上に難航したりと、キャッシュが回らなくなっていたのです。既存の直営店では利益が出ていたものの、組織が未熟で運転資金が減って、財務状況が悪化していきました。

イケイケドンドンの拡大路線に暗雲が垂れ込めてきたのです。

黒字でも「会社はこうやって死ぬのか」創業丸10年の誕生日、銀行に「リスケ」を

２０１３年12月10日は、創業丸10年で、ぼくの40歳のバースデーでした。しかも結婚１周年の記念日。そんな大事な日に、朝早くから金融機関回り。気がつけば会社のキャッシュの底が見え始めていて、取引先の銀行に「リスケ」（リ・スケジュール）を頼むことになっていました。

リスケというのは、金融機関に返済期日を延ばしてもらうこと。元本はそのままで、金利だけは支払い続けることになるわけです。

「お金が回らないことで会社は死ぬのか……」黒字であっても資金繰《ぐ》りが回らないとどうしようもなくなってしまうのだなと知ることになりました。

「資金繰りが悪くなったので、リスケのお願いにあがりました」

ある銀行に出向いて単刀直入《たんとうちょくにゅう》に切り出すと、担当者の表情が固まりました。

（え？　おたくはイケイケドンドンでやってきたんじゃないんですか？）

そんな心の声が聞こえてくるような顔つきです。

付き合いのある銀行や信用金庫を10行近く回りましたが、あるところでは「リスケ……」と口にした瞬間、にこやかな表情を浮かべていた支店長さんが、お茶を出しに来た行員に向かって「あ、お茶は出さなくてもいいから」と冷たく告げました。

無理もない、と思います。素人同然で1号店を出したときから、銀行や信金の方々には本当にお世話になってきました。ある信金の支店長さんは、こんな生意気な若造を信用してくれて、ときには無担保で、いつも気前よく融資をしてくれました。そんな方々にご迷惑をかけることになってしまう。申し訳ない気持ちでいっぱいでした。

もちろん、リスケにはならないほうがいいに決まっています。しかし、苦境に立って見えてきたこともありました。ある金融機関の担当者が、こう教えてくれました。「いまはリーマン・ショックの影響で、中小企業の多くがリスケしていますよ」

それは追い詰められていた中で思いもよらない言葉でした。無責任かもしれませんが、「なんだ、ウチだけじゃないんだ」と。一方でその後、「リスケになった企業は9割が立ち直れていない」という厳しい現実があることも聞かされました。

そしてこのとき、「自力」で乗り越えようとするのではなく、リスケを受け入れたことは、いい教訓となりました。

それまでは、自分1人でなんとかなるという勢い任せのやり方でした。その、なんでも「自力」で解決しようとしていた考えをあらため、専門家の意見を素直に取り入れる。つまり「他力」を受け入れるスタイルに変えたことによって、経営の幅が広がりました。その1つが、会計士さんからのリスケの提案でした。

自力でもなんとかなったかもしれませんが、専門家の提案を受け入れたことによって、短期間で財務体質が改善され、キャッシュフローなど経営基盤が強化されました。もちろん、金融機関の声などもしっかり受け止め、いまでは当時の数倍の額を、信用保証協会の保証等がない、プロパー融資で借り入れしています。


創業系の経営者に多いのが、財政危機に陥《おちい》ったときに1人だけで抱え込み、仲間や専門家にも相談せず、金利の高い消費者金融などに駆け込んでしまうケース。

スタートアップ＝創業当時は、周囲の声を聞くことなく自分の信じる道を突き進めばいいと思います。しかし、専門家や経験者の言うことは別で、耳を貸すところは貸す。創業者やこれから起業するという方に、リスケはけっして恥ずかしいことではないということを伝えておきたいのです。

26

リストラでスタッフにひたすら説明をレトルト事業で危機を切り抜ける

幸いにして当社は、ほぼ1年で危機から抜け出しました。赤字店舗の閉鎖《へいさ》などによって、財務を立て直すことができたからです。

事務所のスタッフも減らしました。長年ともに働いてきた仲間の肩を叩くのは自分の役目。それは身を切られるような思いを伴いました。

「どうにもならない状況なので、本当に申し訳ないですが解雇したいと思っています。割増《わりまし》金を払いますので、次の仕事を見つけてください」

いきなりクビを告げられて、「はい、わかりました」と納得してくれた社員はわずかでした。「出るところに出るぞ」と声を荒らげる人がいたり、「もっと割増をよこせ」と水面下で交渉してくる人もいました。しかし、フェアにいくため、個々に条件を変えるわけにもいかない。みんなが納得してくれるまで、ひたすら話し合いを続けました。

再建の足がかりとなったのは、赤字店舗を減らしたことと、リストラによるコストカットだけではありません。新規融資が望めない苦境の中で、救世主となった事業がレトルトカレーです。

当時のゴーゴーは新規店舗を大幅に増やしながら、同時に金沢カレーを家庭でも味わってもらいたいという思いから、レトルト事業もスタートしていました。リスケの真っただ中で新規出店ができないぶん、そこに注力していたのです。

その戦略が当たり、「ドン・キホーテ」さんをはじめとして、全国のお店で販売されるようになっていきました。

リスケ開始から1年後、創業間もない頃からお世話になっていた、地元・金沢の北國《ほっこく》銀行さんから、救いの手が差し伸べられます。担当支店の支店長が変わったタイミングでした。

当時の負債は約3億円。大きな額と思われるかもしれませんが、会社経営ではそれほどでもありません。

リスケ以降は経営が順調だったこともあって、この当時、新たに着任した新谷《しんたに》支店長は「え⁉ 3億円でこんなに大変なことになってるんですか？」と驚き、「ウチがすべて肩代わりしますよ」と申し出てくれたのです。そこで具体的な経営状況と今後の計画を伝えると、話はすぐにまとまりました。

直営店の黒字と、好調なレトルト事業もあって、1か月でこれだけの黒字が出ていますと伝えると、「それなら大丈夫ですね」。あっさりとリスケは解消されました。

後日耳にしたことですが、地元の銀行が助け船を出してくれたのは、ゴーゴーカレーがなにかと金沢や石川県をアピールしていたため、周囲から「大事な地元企業だから助けてあげないと」という声が上がったことも一因だそうです。困ったときに頼れるのは、やはり地元の方々だと感じたものです。

この新谷支店長と、リスケを提案してくれて、その後もずっと寄り添い、アドバイスをし続けてくれている、地元の会計事務所である中部経営の税理士・平島《ひらしま》千嘉《ちか》さんにはいまでも感謝しかなく、足を向けて寝られません。

そんなこともあり、ますます地元に恩返しをしたいと思っているのです。

リスケ危機と同時期に私生活でも暗闇が授かった娘の命が55日間で……

リスケ危機に陥った2013年は、私生活でも暗闇の中をさまよっていました。結婚後ほどなくして、妻が待望の第一子を宿しました。病院でのエコー検査でお腹の子どもに異常があるかもしれないと診断されたものの、そんなことは気にせず夫婦ともにもちろん産む覚悟でいました。妊娠から27週目で腹部に羊水《ようすい》がたまり臨《りん》月《げつ》のように腫《は》れあがり、妻は国立成育医療研究センターに緊急入院。万が一の早産《そうざん》に備えることになり、ぼくは家と会社と病院を忙しく行き来する生活が始まりました。しかし、パーフェクトポジティブを身上《しんじょう》とするぼくは、さほど深刻に捉えてはいませんでした。

「大丈夫。だって自分たちの子どもなんだから」

しかし病院側が危惧《きぐ》したとおり、早産は現実のものになりました。6月15日、病院から出張に行こうとしていたところ、「ちょっと待ってください、今日生まれるかもしれませんよ！」と看護師さんが言うのです。

　そして、わずか29週目で第一子となる女児が生まれました。体重は１７６０グラムと、かなり小さい。母親の胸に抱っこされたのもつかの間で、すぐに引き離された娘は、ＮＩＣＵと呼ばれる新生児集中治療室に入ることになったのです。

　待望の第一子に、迦弥《かや》と名づけました。妻は産後の経過も良く退院。やがて始まるであろう、親子３人での水入らずの生活を心待ちにしていました。

　しかし、その日はなかなか訪れません。ＮＩＣＵにいる娘は体じゅうに管をつながれた状態で、保温機のようなカプセルの中にいました。母乳は管を通じて胃袋に直接入れる状態。以降、ぼくは毎日のように、母乳を持ってそこに通いました。

　施設では24時間、ドクターや看護師さんたちスタッフが献身的に働いていました。感染症などのリスクを抑えるため、施設内には新生児の両親および祖父母しか立ち入ることができません。

　それまでＮＩＣＵについてはまったく知りませんでしたが、新生児の１割程度が病気や早産などの理由でここに入ることになるようです。ちなみにこのセンターのＮＩＣＵは、アジア最先端の医療技術と最大の規模だそうです。

7月に入っても娘の症状は快方に向かうことはなく、それどころか体じゅうが風船のように腫れあがっていきました。こうした症例は非常に少ないようで、ドクターも首をひねっています。しかし、ぼくはまったく心配していませんでした。

「大丈夫ですよ。本人もこんなにがんばっているし、それになによりぼくたちの子どもなんですから」

パーフェクトポジティブは微塵《みじん》も揺らぐことがありません。

7月になってエコー検査を行なった結果、心臓に疾患《しっかん》があること、また腎臓《じんぞう》に異常があることがわかりました。何十万人に1人のかなり珍しい症例ということも知り、さらに、体がとても小さいため、手術に踏み切るにはリスクが非常に大きいと説明されました。

むくみは引く気配がまったくなく、高熱が出たり下がったりをくり返し、抗生剤の投与が続く日々。そして8月5日、真夜中に寝ていたところにセンターのスタッフから切羽詰《せっぱ》まった声で電話がかかってきました。

「お子さんがかなり危ない状態です！　すぐ来てください！」

妻と車でＮＩＣＵに飛んで行きました。息を切らせて施設に駆け込みカプセルを覗《のぞ》き込むと、穏やかな表情でスヤスヤと眠る娘がいました。両親が会いに来てくれることを知って安心したのか、容体は安定していきました。

「ほらね。だから、ウチの子は大丈夫なんですよ」

不安がっている妻や医療スタッフの人にもそう話して家に帰りました。

しかし、翌々日の深夜、また病院から電話が。

「また同じように危ない状況になっています！　すぐ来てください！」

妻には「大丈夫。おといのように行ったら落ち着くよ」と言って、急いで病院に向かいＮＩＣＵに入りました。いつも親身になって面倒を見てくれたドクターが、娘の状況をていねいに説明してくれました。

「すでに、自力で生きていくことができなくなった状態です。娘さんはこれから良くなることはありません。１人では生きていけません」

少し間を置いて、ドクターが静かに切り出しました。

「管を、抜きますか？」

それは娘の命が、ぼくたち夫婦に委《ゆだ》ねられたことを意味していました。

大丈夫とばかり思っていたのが、いきなり死の宣告……。しばらくは頭が真っ白になり、現実を受け止めることができず、ただ頬《ほお》に涙が流れます。

「こんなに小さな命が、こんなに一生懸命がんばったんだよ。すごいよね。もうラクにしてあげようか……」

あとはもう、ほとんど言葉になりませんでしたが、「いままでありがとうございました。よろしくお願いします」と伝えました。

ドクターとナースはゆっくりうなずくと、娘の体に巻きついた無数の管をそっと外していきます。そしてカプセルから抱え上げ、ぼくの腕の中に預けてくれました。

生まれてきた迦弥がカプセルから外に出るのと、父親に抱かれるのは、このときが初めて。そして今度は妻が娘を抱きかかえます。それは夢にまで見た親子3人、水入らずのひとときでした。

そのあと不思議なことに、自分で力いっぱい、大きく息を吸い込んで、それを最後に迦弥は、8月8日未明、母親の腕の中で静かに旅立っていきました。

カプセルの中で懸命に生きた小さな命。娘はわずかな人生をまっとうしたのです。

そして。3人で帰宅する途中、娘の生きた日数を数えたとき、身ぶるいしました。

なんと、55日だったのです……。

28

身も心も切り裂かれる試練の1年を経て他者を思いやる気持ちが強くなる

愛する娘を失うという試練、しかも管を抜くことで物理的にとはいえ、自分が娘の命を絶つことになったという事実……。

生まれてきてくれた迦弥には、いくら感謝してもしきれません。彼女の人生は、カプセルの中にしかなかったかもしれませんが、ぼくたち夫婦にたくさんのことを教えてくれました。

毎日のように通ったＮＩＣＵでは、たんたんと過ぎていく日常の中で壮絶な命のドラマがくり返されていました。

１０００グラムに満たない子もいたり、未熟児でありながら懸命に生きる子どもたちの生命力。回復を願ってすがるような思いで施設に通う親御さんやおじいちゃんおばあちゃんの愛の深さに胸を打たれました。命が途絶えて、涙にくれる親御さんを目にすることもありました。

なによりも深く心に残るのは、24時間ひとときも気を抜けない極限状態の中でも献身的に働くドクターやナースをはじめとするスタッフの方々の姿です。疲れやストレスをまったく見せることなく、誠実かつ真摯に仕事に向き合っている。NICUに足を運ぶたびに、ぼくは心が洗われるようでした。

迦弥が生まれ、そして亡くなってからというもの、人は多くの人たちの支えがあって生かされているのだと、より深く感じられるようになりました。

その後、金沢で葬儀を行なったのですが、想像以上にたくさんの方々がお参りにいらっしゃいました。

そして、その日以降、ぼくたち夫婦にいろんな人が、「じつは……」と声をかけてくれるようになったのです。

子どもが欲しくてもできずに不妊治療をしている人。妊娠しても流産や死産となってしまった人。また、生を受けても障がいのある子どもがいる人。さらには、子どもを病気や事故で失った人。など、世の中には、子どもに関してつらい思いをされた人がさまざまなケースでこんなに多いのだと驚き、生まれてくることは当たり前じゃないんだと、それまで以上に噛み締めました。

また、こういう現実を知ったことで、世間で使われる「お子さんはまだ？」とか「何人ですか？」といったなにげない言葉が、誰かを傷つける可能性があるということも知りました。

ぼくたち夫婦はその後、ありがたいことに3人の子宝に恵まれました。自宅では毎朝家族で位はいに手を合わせて、「お姉ちゃんが今日も見守ってくれているからね」と子どもたちに言い聞かせています。まだ幼い子どもたちですが、お姉さんがいることは理解しているようです。

娘が生まれ、旅立っていった2013年は、会社がリスケに見舞われたこともあり、公私両面で身も心も切り裂かれるような試練が相次ぎました。しかし、自分の力では思いどおりにならないこともあることや、人は目に見えない力によって生かされているのだということを思い知らされて、大きく成長したと感じています。

これからはこの人生を、世のため人のために生かしていきたいと思えるようになったのです。

29

「オレがオレが」の自分を見つめ直し経営塾や本から謙虚に学び始める

娘の死と、多くの方にご迷惑をかけてしまったリスケが重なった2013年を経て、ぼくは自分を深く見つめ直すことになりました。

それまではなにごとも「オレがオレが」で、自分が気合いと根性で立ち向かえば不可能はないと信じ込んでいました。その過信の根本には、素人同然で始めた新宿の1号店が大繁盛したこと、さらには夢のニューヨーク進出が短期間で実現して怖いもの知らずになっていたこともあったかもしれません。

人材育成が追いついていないのに次から次へと店を出していったことについては、甘い思い込みがありました。創業以来、トントン拍子に業績が伸びたこともあって、努力をすればこの先もなんとかなるだろうと考えていたわけです。

しかし会社が厳しい状況に直面したことで、ぼくは自分を見つめ直すと同時に、経営について深く考えるようになりました。

たとえば「孫正義《そんまさよし》さんのような偉大な経営者と、リスケになる経営者の違いはどこにあるのだろう」と。答えは、経営力の差です。では、経営とはなにか？ その時点で自分自身で答えを出せていませんでした。それも当然です。ニューヨークに行きたいというだけで起業したぼくには、ビジネスをちゃんと学んだ機会がなかったのですから。このままではいけない。そう思って、イチから貪欲に経営について学び始め、経営塾に通うといったことを始めたわけです。

とりわけためになったのが、まず、ダイヤモンド社が主催する国永秀男《くにながひでお》さんの「ドラッカー塾」。そして、日経BPが主催する「経営塾」においての、入山章栄《いりやまあきえ》教授をはじめとする早稲田大学ビジネススクールの教授陣ならびに、日本を代表する偉大な経営者の方々によるプログラムでした。すでに経営者としてさまざまな経験をしていた自分としては「なるほど、なるほど」と思わされることばかり。経営塾に通うたびに、多くを吸収して成長する自分を体感することができました。

気合いと根性でなんとかなると信じて突っ走ってきたぼくは、ここにきてようやく、経営力、マネジメント力の大切さに気づきました。痛い目に遭《あ》ったことで、大きく成長することができたのです。

実家近くの田んぼで、スタッフ揃って田植えや稲刈りをして、お米一粒の大切さを分かち合う。

4章★経営の気づき・工夫・行動

お店は野球チームと考えるネーミング「スタジアム」「キャプテン」「試合」etc.……

ゴーゴーカレーには独特の言葉があって、店長を「キャプテン」、店を「スタジアム」と呼んでいます。さらに朝礼は「朝練」、お客さんからおホメの言葉をいただくことが「ファインプレー」で、反対にクレームをいただくことは「エラー」……。もうおわかりでしょう。店を野球チームだと捉えているのです。

店をスタジアムと呼ぶようになったのは、2011年5月にオープンした「池袋サンシャイン中央通りスタジアム」が最初でした。その後オープンした店には、ほとんどスタジアムやパークと付けています。

店を野球チームのように考えているのは、みんなで1つのチームになって目標に進んでいくところが野球に似ているから。

さらには、野球だけではなく、スポーツマンシップを重んじ、日々の仕事においても、その大切なマインドを取り込んでいきたいのです。

店を1つの野球チームと考えると、日々の営業は「試合」だと言えるでしょう。実際にゴーゴーでは売り上げ目標を決めていて、達成したらその日は「勝ち」、達成できなければ「負け」と考えています。

「試合」では、野球のように「エラー」が出ることもあり、そんなときには「早出特打ち」が行なわれます。これも野球用語ですが、エラーした本人と店長、つまりキャプテンを呼んで、担当者が諭すことで改善を求めるわけです。

エラーが出たとしても責めるのではなく、また、謝って済ませるわけでもありません。仲間とともに全員野球で必ず取り返す！　それが重要なのです。

エラーをくり返さないための日々のトレーニングによって、鮮やかなファインプレーでお客さんを元気にする。

そうした気持ちでゴーゴーカレーの社員、スタッフ全員は日々の「試合」に取り組んでいるのです。

31

「キャプテン」がお店の成否を決定づける「MVP」の元ヤン女性と元ホストの魅力

日々是《これ》試合。先述のとおり、ゴーゴーカレーのスタッフたちは、毎日の営業を「試合」のつもりでがんばっています。どのチームももちろん精一杯がんばっているわけですが、だからといってすべてのチームがいつも勝つとは限りません。勝つことが多いチームもある一方で、負けてばかりのチームもあるのが現実です。

では、勝敗はどんなところで分かれるのか。

ビジネスは複雑なところがあるので、勝因も敗因も1つということはありませんが、「キャプテン」、つまり店長の人間力が勝敗を左右する非常に大きな要素だと思います。実際の野球でも、そういう面が大きいのではないでしょうか。

当社では、キャプテンたちが集う「キャプテンキャンプ」という研修を開催しています。そこでは全国各地のキャプテンが一堂に会し、表彰やケーススタディの発表などを行ないます。

たくさんのキャプテンが集まると、それぞれのキャラクターの違いが如実《にょじつ》に出て非常に興味深いわけですが、当然いいキャプテンとそうではないキャプテンの差も明らかになります。では、その差はどんなところにあるのか。長年、多くのキャプテンを見てきてわかるのは、仕事に対して誠実かつ本気であること、それがなによりも大切だということです。

誠実かつ本気で課題に取り組む姿勢があるキャプテンの店は確実に伸びますが、そうではないキャプテンの店はまず伸びません。「人手不足なので、キャンプには行けません」と言って欠席するキャプテンも中にはいますが、そういうところは結果が出ていません。

ゴーゴーカレーには、女性キャプテンが多数在籍しています。そして、女性には優秀なキャプテンが多いという傾向があります。女性ならではの細やかな気配りができるということ、またトラブルが起きても誰かに責任を押し付けたりせず、自ら積極的に動いて誠実に対処しようとするところがポイントなのだと考えています。

当社では毎年素晴らしい活躍を見せた社員を「ＭＶＰ」として表彰し、海外旅行や温泉旅行などをプレゼントしています。これは２００５年から始めた制度。すでに2度もMVPに輝いて殿堂入りを果たした伊崎秀子《いざきひでこ》さんという女性は、じつはぼくの高校時代の同級生なのです。

高校時代の彼女は、お世辞にも成績優秀ではありませんでした。というか、包み隠さず明かせば学校でも名の知れた当時のヤンキー（笑）。創業後、金沢に初めて出店するとき、彼女のことを思い出しました。そこで声をかけたところ心よく引き受けてくれて、期待以上の働きをしてくれたのです。

彼女は、高校卒業後にバスガイドをやっていて、その経験も含めて人間力がある。パソコンは苦手でしたが、裏表がなく、面倒見もとても良く、誠実に仕事に取り組むので、キャプテンの鑑《かがみ》のような存在になりました。

彼女は、ゴーゴーカレーのミッションやビジョンに反したり、誠実さに欠けたり、本気でなかったりしたスタッフに対しては厳しく叱責《しっせき》しますが、しっかりと本気でフォローもする。だからこそ、みんな必死に彼女についていく。スタッフからも出入りの業者さんからもリスペクトされています。彼女が担当する店はいつもいいチームになり、全国でもトップクラスの「勝率」を収めました。

その彼女はいま、研修店舗のコーチとして西日本のキャプテン教育も担当しています。彼女の指導は〝鬼軍曹《おにぐんそう》〟のようにものすごく厳しいわけですが、彼女に鍛えられることで誰もがキャプテンとして成長し、独り立ちしていく。彼女がいたからこそ、ゴーゴーは成長してこられた。そう言っても過言ではないほどの存在です。

もちろん、男性にも素晴らしいキャプテンはいます。関東の東北自動車道にある店舗「Ｐａｓａｒ羽生《はにゅう》スタジアム」に在籍する、前述の伊崎秀子さん同様ＭＶＰに2度輝いたキャプテンで、島田晃司《しまだこうじ》さんと言います。

若い頃にホストをしていたという彼は、見かけはおとなしめで、不器用なところがあります。しかし、分け隔てない気配りができるので、スタッフ、とりわけ女性スタッフにものすごく慕われる。ホストとしての経験がそうさせるのでしょうか。

強烈なリーダーシップがあるわけではないのに、女性スタッフが率先《そっせん》してがんばり、チームを盛り上げている。また、お客さんにも、彼の人当たりのいい接客は評判が良く、店はいつもいい雰囲気で多くのお客さんで賑《にぎ》わっています。

いままで何度も彼の店に足を運んだことがありますが、こちらが水を向けなくても女性スタッフが目を輝かせて「先日、こんなことがあったんです」とキャプテン自慢を始める。自分が熱くなるわけではないのに周りのスタッフがなぜかヤル気になってしまう彼の魅力は、正直、ぼくにはないもの。「いろんなタイプのリーダーシップがあるんだな」と素直に感心しながら、彼の仕事ぶりを見守っています。

店舗の数だけキャプテンがいて、それぞれにキャラクターやスタイルがあります。ゴーゴーカレーのミッションやルールを大切にしながらも、キャプテンたちがのびのびと長所を発揮できる環境をつくっていきたいと考えています。

年齢・性別・国籍・学歴はいっさい関係なく、成果を上げた人を評価・登用する。つまり誰にでもチャンスがある。それがゴーゴー流なのです。

02

首都圏が帰宅困難者であふれた3・11の夜 店長たちが自主判断で営業を続けてくれた

前項で店の良し悪しはキャプテンしだいと書きましたが、ウチにはいいキャプテンが揃っているなあと感激したことがあります。２０１１年3月11日、東日本大震災が起きたとき、キャプテンたちが素晴らしい「ゴーゴーらしさ」を見せてくれたのです。

その日ぼくは、仕事で金沢にいました。地震が起きた直後のタイミングで会社のスタッフから電話があって話せましたが、やりとりできたのはこの1回だけ。そして帰宅すると、テレビには信じられない光景が映し出されていました。

「これはなんとかしなきゃいけない！」

いてもたってもいられなくなったぼくは、あちこちに電話をかけようと思いましたが、携帯もメールも含めすべてつながらない……。

それからしばらく、世の中はまだ原発事故や余震で混乱を極めていましたが、徐々に地震当日のゴーゴーカレー各店舗の様子が耳に入ってきました。その中で後日、帰宅が困難になったというお客さんから嬉しいメッセージが届いたのです。

「地震当日、ひたすら歩いて帰宅する羽目になりました。店はほとんどやっていない。もうこれ以上歩けないと思ったときに、ゴーゴーカレーがお店を開けてくれていて、おいしいカレーを食べさせてもらいました。あのカレーがなかったら、家までたどりつけたかどうか。大変な中でも元気に店を盛り上げていた店長さんやスタッフのみなさんに感謝の言葉を伝えたいと思い、メールを差し上げました」

あとから現場のキャプテンやスタッフに聞いたところ、営業を終えたあとにもかかわらず、キャプテンの自主判断でカレールーとライスがなくなるまで、ひたすらお客さんにカレーを出し続けた店がいくつもあったようです。

「これこそゴーゴースピリッツだ！」と思いました。野球は、1つ1つのプレーに監督が指示を出すことが多い競技です。しかし当然のことですが、選手が判断しなければいけない局面も多く、いつも監督の顔色をうかがっているわけにはいきません。3・11はゴーゴーにとって、まさに現場の力、店長であるキャプテンの力が試された1日でした。そこで多くのキャプテンたちが、本部からの指示がなくても、素晴らしい判断をしてくれたのです。

忘れられないエピソードがもう1つあります。

東日本大震災では、東北だけでなく広範囲で物流が止まったことで、首都圏でも多くの飲食店が営業を続けられなくなりました。ゴーゴーカレーも、金沢の工場でつくっているカレールーを首都圏まで運べませんでした。

「これはしばらくの間、店は開けられないかも……」

そんな思いも頭をよぎりました。しかし現実には、店舗はいつもどおり営業を続けることができました。地元・金沢の兼六運輸《けんろくうんゆ》の山崎社長が男気《おとこぎ》で、「ゴーゴーさんのためなら」とひと肌脱いで深夜にトラックを走らせてくれたからです。

地震当日にカレーを出し続けたキャプテンやスタッフ、首都圏までカレールーを届けてくれた兼六運輸さん。我々の合言葉にもなっている「ゴーゴーカレー5つの心得」の1つ、「困ったときはお互い様」。これがいざというときに、未曽有の震災の混乱の中で発揮されたのです。

いまでも、このときのゴーゴーらしさを思うと胸が熱くなります。

33

ゴーゴーでは社員みんながスカウトマン 一緒に働く仲間は自分たちで選ぶ！

ヤル気のある社員をどうやって集めるか。パンデミックの前から、スカウティングは飲食業界の大きな課題となっています。勤務時間が長い、仕事がキツい、さらには給料が安いといったイメージが強いこともあって、なかなか人が集まらなくなっているのです。

たとえば成績優秀な大学生は、飲食業界にはほとんど興味を示してくれません。一流企業からいくつも内定をもらい、夏休みに入る前には就活が終わっている。そして海外旅行に出かけたり、研究に没頭したりと好きなことをして最後の学生生活を満喫する。

もちろん、飲食業界に就職する大学生はいます。しかし、就活で苦戦して夏休み以降も内定先を決められなかった人が流れてきて、飲食業界の門を叩くケースが多いのです。

こうした現実があるので、ゴーゴーカレーでは大卒というブランドをほとんど重視していません。日本はまだ大卒信仰が根強いところがありますが、そもそも大学に進学する若者は、昔と違って珍しくありません。その中で優秀な学生に来てもらえないことを考えたら、大卒にこだわる意味はほとんどないわけです。

学歴よりもヤル気と元気を重視するゴーゴーカレーには、日本の会社には珍しく人事部がありません。その話をすると、多くの人から「では、誰が採用を行なうのですか?」と訊ねられます。昨今は採用を外部に委託する会社も少なくないようですが、ゴーゴーでは、社員やスタッフみんながスカウトマンとなり、「この人と一緒に働きたい」「この人なら絶対に活躍できる」という人に声かけしているのです。

こうなると必然的に、ヤル気も元気もある前向きな人が集まるようになります。人事部が採用を担当しても、入社する人たちが人事部の人たちと一緒に働くわけではありません。そこがまず大きなポイント。そして、面接では限られた時間でしかその人を見ることができませんが、ウチのシステムでは社員が友人や知人を推薦するため、長くその人と付き合っていることで人柄などを見誤ることが少ないのです。

そもそも、いい加減な人を採用すると、苦労するのは自分たちなのです。だから、「これは！」という人だけに声をかけることになる。

実際に社員やスタッフが連れてきてくれた人の多くが、早く職場になじみ、長く働いてくれています。

人事部にお任せではなく、1人1人が当事者となって一緒に働く仲間をつくる。ゴーゴーカレーではそうやってチームづくりをしているのです。

34

頼りになる高卒の若者や外国人 年齢・性別・国籍・学歴は関係ナシ！

「一緒に働く仲間は自分たちで決める」というスカウティングの中で重視しているのが価値観です。といっても、けっして難しいことではありません。

働く意欲があって、ゴーゴーカレーを通じて「世界に元気を届けたい」という思いがある人なら誰でもいいと考えていますが、そうした中で頼りになるのが地方出身の高卒の若者たち。4年間をなんとなく過ごしてしまうことが少なくない大学生と比べて、早くから自立して働くことへの覚悟が生まれているからです。

彼らはゴーゴーでどんな部署に配属されても、ガンガン働いてくれます。働く意欲が旺盛《おうせい》で飲み込みも早いので、日に日に成長し、昇進していきます。

地方出身の高卒の若者と並んで、頼りになるのが外国の方々です。専門学校や添乗員の時代から外国の方々と接してきていたので、もともと起業時からグローバル化を目指していて、外国籍の方をたくさん仲間にしたいと考えていました。

少子高齢化で若者が減っている日本は、外国の方がいなければ多くの産業が回らない大変な状況になっています。飲食業界も例外ではありません。

外国の方、特にアジア系やアフリカ系の人に嫌悪感を示したり、見下したりする人も少なくないようですが、とんでもないことだと思います。外国人にも当然いろんな人がいるわけですが、日本に来て働いている人々はバイタリティがあって、少なくとも2カ国語は話せるわけですし、とても優秀な人が多い。

首都圏のコンビニエンスストアでは、もう20年以上も前から外国人スタッフを当たり前のように見かけます。彼らは流暢《りゅうちょう》に日本語を話し、レジ打ちから品出し、コピー機やコーヒーメーカーのメンテナンスなど多岐《たき》にわたる仕事をテキパキとこなしていて、素直に頭が下がります。

外国の方に支えられているのは、ゴーゴーカレーも同じです。

思い出すのは、西新宿に出した1号店でのこと。オープンから連日の大行列で、猫の手も借りたい状態になったことは先述のとおり。そのとき、これはまずいと思って店先に「アルバイト急募」の貼り紙をしたところ、さっそく翌日に応募してくれたのが、陳《ちん》さんという中国・上海出身の女性でした。この方、日本語はたどたどしいのですが、皿洗いがものすごく早くて本当に助けられました。直後に加わった韓国人のソノンさんという女性とともに大活躍してくれました。

陳さんはスカウティングでもいい働きを見せてくれました。オーダーに対してキャベツの千切りが追いつかない状況を見て、彼女は言いました。

「私ね、キャベツ切るのすごく早い人知ってるよ！」

「おお！　じゃあ、明日にでも連れて来てくださいよ！」

それで駆けつけてくれたのが元板前の日本人男性・馬島《まじま》さん。彼は、我々が2人でやっていたことを1人でやってのけるほどのすさまじいスピードでキャベツの千切りの山を築くなど、本当に助けられました。

連日連夜の大入り満員をさばけたのも、この3人がいたからといっても過言ではありません。いま思えば「一緒に働く仲間は自分たちで選ぶ」を、創業時から実践していたわけです。

そしてあるとき、ソノンさんに「こんなに助けてもらっているから時給を上げないとね」と言ったところ、思わぬ反応が返ってきました。喜んでくれると思いきや、「え⁉　私が外国人なのに、給料上がっていいんですか⁉」と驚いているのです。

不思議だなと理由を聞けば、こういうことでした。彼女たちはほかのアルバイト先では、「時給が上がるのは日本人だけ」「外国籍の自分たちは昇給ナシの最低賃金で働くことが普通」なのだと思い込んでいたのです。

そういうことがあって、ぼくは初めて日本の経済を下支えしてくれている外国人たちが、その働きには見合わない安い賃金で酷使されている現実を知ったのです。

もちろん、いまも当社は多くの外国の方々に支えられていて、中国に加えてベトナムなどアジア圏のスタッフが大活躍してくれています。時給も他社より高い水準です。また、陳さんがそうだったように、彼らは人手不足になると、コミュニティの仲間を連れて来てくれる。日本でがんばろうと思っている彼らは働く意欲に満ちあふれ、店を盛り上げてくれています。

ときどき彼らと食事会をすることがありますが、彼らの国の飲食店に行くことは、ぼくにとっても異文化に触れるいい学びの場にもなっています。

ちなみに、前述の馬島さんはその後、ニューヨーク店にも行ってもらい、現地のアメリカ人スタッフにゴーゴースピリッツを叩き込んでくれ、ニューヨークではレジェンドスタッフとして語り継がれているのです。そして76歳を迎えた今でも新宿のお店でがんばってくれていて、非常に助かっています。

大事なことはヤル気と元気。地方出身の高卒の若者たちや、主婦やシニア人材に支えられて、ゴーゴーカレーは大きくなってきたのです。

35

フランチャイズ加盟のコストは極力低く　お金がなくてもヤル気があればウェルカム

ゴーゴーカレーの国内店舗は、本部がキャプテンやスタッフを雇用する直営店を除くと、半数以上が本部と加盟店契約を結ぶフランチャイズ店舗です。

直営店にもフランチャイズにも、メリットとデメリットがあります。本部から見た場合、直営店はマネジメントをしやすいという利点がありますが、出店への投資をすべて負担しなければならず、多店舗展開にはかなりの資金が必要となります。

一方、フランチャイズはパートナーとなる個人や法人の資金を活用するので、本部としては負担を抑えて店舗を増やしていける。ただし、直営店に比べてマネジメントが難しいというデメリットがあります。

そんなフランチャイズとの関係をどう構築していくか、そこに会社のカラーが明確に出ると思います。

当社は第一に、フランチャイジー（加盟店）を「世界に元気を届けるパートナー」

と考えていますから、マニュアルの遵守《じゅんしゅ》はもちろん大事ですが、それ以上に「世界に元気を届ける」というゴーゴーのミッションに賛同していただけることを重視しています。

ゴーゴーに限ったことではありませんが、FC（フランチャイズ）パートナーとしてフランチャイジーになるメリットは、ブランドを利用できることが大きいと思います。ただのペットボトルの水でも、ラベルがないものと「〇〇の水」というラベルのあるものとでは、後者が売れるでしょう。ブランドの持つ価値が、お客さんを惹《ひ》きつけるわけです。

ブランドの価値は、一朝一夕《いっちょういっせき》にできるわけではありません。その背景には、創業者とその仲間たちの、血と汗と涙が詰まっている。そうしたストーリーが、目に見えない価値になる。そういう価値を理解してくれ、共感し、実践してくれるパートナーが大事なのです。

たとえば、カレー屋さんをゼロから始めようとすると、仕入れや物流、採用や教育、宣伝など、なにからなにまで自分でやらなければならず、多額の資金や苦労が必要になり、もちろんリスクも大きい。しかしフランチャイジーになれば、既存のシステムとブランドを利用することで時間やお金を節約し、ビジネスを軌道に乗せることができる。ゴーゴーでは出店前に約1か月の研修を行ないますが、これだけ短期間で事業化できるのは、ブランド力があり、クリアすべき実務がパッケージ化されているからです。

フランチャイズ加盟店をパートナーと考える当社では、加盟のコストをかなり低く設定しています。あるコーヒーチェーンのフランチャイズになるには、開店コストに1億円かかると聞いたことがあります。壁紙からイス、テーブルと、なにからなにまで統一したものを本部から買い揃えなければならないからです。

ブランドのイメージを守るためとはいえ、それではお金がかかりすぎる。脱サラした個人や零細企業、中小企業では、とても負担できる額ではありません。

ゴーゴーカレーでも、ある程度の統一感は重視しますが、内装やテーブル、イスには厳しい条件は設定しません。味に影響が出なければ、使えるものは使うというスタンスです。飲食店をやめた物件を内装ごと引き継いで始める「居抜き」物件についても、サステナビリティの観点からも推奨しています。

加盟のコストを低くするいちばんの理由、それはなによりもヤル気と元気がある人を応援したいからです。世界に元気を届けるゴーゴーとしては、お金がなくてもそれがあればウェルカム。がんばる人たちの背中を強く押したいのです。

34

「プロデュース店舗」が大きく伸びたのはパンデミックのピンチでも攻め続けたから

パンデミックによるステイホームが浸透したことで、外食産業は大きな痛手をこうむりました。「外に出ないでください」と言われたら、店を展開する側としてはツライ。ゴーゴーでも閉店を余儀なくされる店が、都心の一部で出てきました。

とはいえ外食産業の中で、ゴーゴーカレーはかなり健闘しているのではないかと自負しています。「できるかできないかではなく、やるかやらないか」という攻めの姿勢で商売に取り組んできたぼくたちは、テイクアウトやデリバリー、レトルトの販売などに活路を見《み》出《いだ》し、この逆風に立ち向かっているからなのです。

そして、成果が出ているのが、「プロデュース店舗」という取り組みです。まだパンデミックが始まる前のこと。野村證券さんからのアドバイスで「プロデュースビジネス」という手法があることを知りました。

それは、家系ラーメンのお店を全国展開する「町田商店」さんが実践して成果を上げていたもので、加盟金や保証金はいっさい取らずに、新規出店するラーメン屋さんに、麺やスープ、タレなどを提供するというもの。

「これだ！　これをカレーでやればいいんだ！」

そう思って、すぐさま町田商店を運営する、ギフトホールディングスの田川社長にコンタクトを取ったところ、「どうぞどうぞ」と手法を取り入れることを快諾していただきました。ここからホテルやカラオケ店、居酒屋などに金沢カレーのルーを卸す事業が広がっていったのです。

このプロデュース店舗というシステムは、導入直後にパンデミックが始まり苦境に陥った多くの飲食店を元気づけることになりました。

売り上げの落ち込みを少しでもカバーしようと、夜営業の居酒屋がランチ営業を行なったり、テイクアウトを始めたりしましたが、そうした新規事業はそうそううまくいくものではありません。夜と昼とでは客層が違い、新たな目玉となるものを生み出さなければいけません。ランチを始めてすぐに常連さんがつくわけではないのです。

新規事業に試行錯誤する飲食店経営者の方々に、ゴーゴーが提供する金沢カレーのルーはとても喜んでもらえました。すでに金沢カレーは多くの人々に認知されていたので、集客に悩む飲食店にとって新たな人気メニューとなったのです。

パンデミックが深刻化したこともあって、もともと展開していたプロデュース店舗に対して、予想以上に申し込みが相次ぎました。2022年の年末時点で、100店舗以上！　勝算があって始めたとはいえ、ここまで大きく広がるとは思いませんでした。

外食産業を活気づけるプロデュース店舗は、カレールーを提供する当社にとっても、金沢カレーの味を訴求できる大きなメリットがあります。特にゴーゴーがまだ出店していない地域では、新たなファンが生まれていくことで新規店舗を出しやすくもなる。

逆風の中にもチャンスあり。パンデミックでも攻めの姿勢を貫いたからこそ、さらに金沢カレーの味を広めることができたのです。

37

「カレーの専門商社」としての取り組みで業界全体に貢献するプラットフォーマーに

ニューヨークに行きたいという思いで立ち上げたゴーゴーカレー。しかし20年近く会社を経営する中で、見据えるものが変わってきました。

自分の中で大きくなってきたのが、「カレーという食べ物に恩返しをしたい」という気持ち。そこから「カレーの専門商社」として、仲間たちとともに、日本のカレーを世界一にすることを目指すという思いが強くなってきたのです。

すでにゴーゴーカレーは、カレーの専門商社としてさまざまな事業および取り組みを行なっています。

まずは、M&Aによる事業継承、人気店にジョインしていただいてのプロデュース店舗の拡大などが筆頭に挙げられます。

そして、インバウンドも念頭においたヴィーガン料理やハラル料理への対応、また、ヘルシー志向の時流に即したグルテンフリー対応と、さまざまなカレールーの商品開発も行なっています。

さらに一般消費者に向けては、全国でレトルトカレーの卸しを幅広く展開しており、大手ネット通販やスーパーマーケットなどでも販売されています。

こうした「店舗としてのゴーゴーカレー」という認識を超えた多面的な活動を、今後も積極的に推し進め、海外でも行なっていきたいと考えています。

食材の仕入れについては、カレーづくりの肝《きも》となる多種多様なスパイスを確保するルートを開拓したい。日本の大手食品メーカーには、スパイスを扱っているところもありますが、大々的に世界に向けて展開しているわけではありません。それができれば、おいしいカレーをよりグローバルなものにできるのではないかと思います。

また、ものすごくおいしいカレーをつくる人がいたら、その味をより広く伝えるためにゴーゴーが「プラットフォーム」の役割を担って、レトルト商品を売り出すのもいい。そのためにはレトルトの生産拠点も必要になりますが、その動きも早くから進めています。

2000年代に入ると、レトルトがカレールーの売り上げに肉迫する状況に。そしてついに、2017年にはレトルトがルーを上回り、スーパーでもレトルトコーナーに多くのスペースが割かれるようになりました。しかし、カレー業界の仲間たちと情報交換をすると、「レトルトにしたら絶対に売れるおいしいカレーがあるけれど、商品化できる工場がない」と嘆いている関係者が多いことが判明。

そこでピンとひらめくものがありました。石川県の隣の富山県には、創業100年を超える、レトルト食品などを製造・加工する工場を持つ大手企業があります。ここをレトルトカレーの一大生産拠点にしようと考えたのです。

この工場の増産体制を整えることで、世間に埋もれている多くのカレーをレトルトとして売り出すことができる。それは全国のカレー屋をあと押しするだけではなく、地元の北陸を元気にすることにもつながります。

カレーの専門商社としてさまざまなオーダーに応えるプラットフォーマーとなり、カレー業界全体に貢献する。そのための体制づくりを着々と進めているのです。

そして、本書刊行前の2023年3月、ぼくは社長を自分より優秀な方に引き継ぎ、会長になりました。その真意は、「フードトランスフォーメーション」。フードテック企業としてさらに大きな夢を実現させるためです。詳細については『開運！ゴリラの元気が出るYouTube』をご覧ください。

38

「1番になりたければ1番の会社を買いなはれ」
〝偉大な経営者〟のひと言でM&Aに目覚める

経営者の講演に行くたびに、必ず決まった席に着くようにしています。最前列の真ん中、もしくは講演者が通る通路側の席です。そして質疑応答の時間になると、真っ先に挙手《きょしゅ》する。「はい！」と大きな声を上げ、当てられてもいないうちから立ち上がるのです。講演会ではあらかじめ質問者が決まっていることもあるようですが、誰よりも目立つゴーゴーファッションで来場していることもあって、司会者もさすがに無視できません。

「えー、それでは最前列の黄色い方にマイクを……」

マイクを手渡されると、会場を見渡して「ゴーゴーカレーというカレー屋をやっている宮森です」とゆっくりとした口調であいさつする。こうやって講演者はもちろん、会場のみなさんにもゴーゴーカレーの名前と存在を認識してもらえるわけです。

講演会を聞きに行くと毎回そんなことをしていたわけですが、もちろん身になる話をたくさん聞くことができました。その中でとりわけ「この人はすごい！」と思ったのが、日本電産CEOの永守重信《ながもりしげのぶ》さんです。

「偉大な経営者」と言われる永守さんは、日本電産を創業して世界有数の企業に育て上げただけでなく、優れた技術を持ちながら経営不振に陥った企業を次々とM&A（買収・合併）によって再建。その卓越した手腕は世界的に認められています。そんな永守さんの話に感銘を受け、講演を終えて引き上げようとするところに、レトルトカレーを持って駆け寄って単刀直入にこう訊ねました。

「ゴーゴーカレーの宮森という者ですが、トップになるにはどうすればいいのでしょうか」ザックリとした問いかけにも動じず、永守さんは言いました。

「で、あんたとこはカレー業界の何番目や？」「2番です！」「1番はどこや？」

そう聞かれて、有名チェーンの名前を挙げると、「じゃあ、そこを買いなさい」と。

「しかしそこは最近、大手食品会社に買われたんです」と付け加えると、「それなら、その食品会社ごと買ってしまえばいいでしょう」と言われました。永守さんの迫力になかば圧倒されましたが、直後の言葉にはシビれました。

「1番になりたければ1番の会社を買いなはれ」

最後のひと言に、永守さんが歩んできた道程を見ました。彼は、会社の時価総額の目標を達成させるために、「これは！」と思った企業をM&Aして価値を上げ、それをくり返していく。回り道をせず、目標に向かって最短距離を突き進んできたのです。

永守さんが行なってきたM&A、もちろんその言葉は知っていましたが、飲食業とはまったく縁がないものと思っていました。しかしこのとき、M&Aは目的に到達するために有効な手段だと気づき、すぐに動きました。

講演会の翌日、東京から金沢に飛び、昔から好きで通い詰めていた老舗インド料理店「ホットハウス」の五十嵐社長に「店を売ってもらえませんか」と直談判したのです。それは2016年秋のこと。当社のM&A第1号となりました。

このできごとは、たんなるM&Aの事例にとどまりません。そこから、カレー業界で横のつながりが生まれて仲間が広がり、「日本カレー協議会」（P197参照）へとつながっていったことに大きな意義があるのです。

39

廃業の危機の名店をM&Aで救うのは「井戸を掘った人の恩に報いたい」から

日本電産の永守重信CEOの言葉がきっかけで、ゴーゴーの経営戦略の1つとなったM&A。金沢の「ホットハウス」を皮切りに、後継者不足に悩むカレー屋をM&Aするようになりました。

2019年には、こちらも金沢の老舗「ターバン」を統合しました。2代目である、オーナーの息子さん、岡田明さんが1人ですべてを切り盛りしていて大変な苦労を背負っていました。そんな中、お母様である初代オーナーの奥様は、明さんの体調を心配されていたのです。ならば、一緒にやりましょうよ！ とお声がけしたのです。

「ターバン」は創業直前に飛び込みで修業をさせていただいた、いわば親元のような店。「師匠の味を消してはいけない！」との思いでM&Aを提案してゴーゴーグループにジョインしていただき、共同オーナーとなりました。

50年近く続いた店のオーナーとしては多少は複雑な思いもあったようですが、結果的に喜んでもらえました。ヒットしたプロデュース店舗事業で提供しているカレーの一部は「ターバン」のルー。師匠の味を多くの人に伝えられて、これ以上嬉しいことはありません。

これは、お互いが相談し合ってM&Aが成功した好例であり、1人で悩みを抱え込まないことの重要性をよく表しています。

金沢だけではなく、日本にはおいしくて個性的なカレーを出す店がたくさんあります。しかし、カレーに限ったことではありませんが、跡継《あとつ》ぎがいなくて泣く泣く店じまいする店も少なくありません。

ある日突然なくなってしまうことで、スタッフはもちろん、長年通っていた常連さんたちも悲しい思いをする。それはとても残念なことです。そうした思いから事業承継型のM&Aを見据えた「未来につなげたいカレーの名店」を募集したところ、たくさんの応募がありました。

ゴーゴーカレーが手を差し伸べる店には、明確な条件があります。それは、おいしくて地元の人たちから愛されていること。以上。これがすべてです。店舗の数や売上額はいっさい関係ありません。

おいしいというのは感覚的なことですが、そこはぼくが判断します。たくさんの店でさまざまなメニューを食べ続けてきて、自分の「ベロメーター」には絶対の自信を持っています。それは数値化はできないものの、絶対音感ならぬ「絶対舌感」というようなもので、それはピアノの調律師のように繊細なものです。そんなぼくのベロメーターを唸らせてくれたらゴーです。

存続の危機に直面する名店を救おうとするのは、「井戸を掘った人の恩に報いたい」という思いがあるからです。

ゴーゴーカレーが間もなく創業20周年を迎えられるのは、経営者である自分が優れていたからではありません。ぼくの力なんてちっぽけなもの。それよりも大きいのは、カレーという食べ物を伝え、広め、おいしく進化させてくれた多くの先輩たちがいたからです。金沢に豊かなカレーの文化を育《はぐく》んだ店がなければ、ゴーゴーカレーが生まれることはありませんでした。

もちろん金沢だけの話ではありません。日本全国においしいカレーづくりに邁進《まいしん》してきた人たちがいて、日夜努力を続けてくれたからこそ、全国各地にカレーが根づきました。こうした流れがなかったら、ゴーゴーの味が広く受け入れられることはなかったわけです。

ゴーゴーには、カレーのプラットフォーマーとして、おいしいカレー屋さんを廃業から守り、後世に、そして1人でも多くの人たちに残していきたいという理念があります。当社が試行錯誤をくり返しながら培《つちか》ってきた人材育成や店舗管理、メニュー開発といったノウハウは、間違いなく役に立つと思います。


さらに忘れてはいけないのが、生産者の方々を大事にすることです。

お米、野菜、スパイス、食肉など。これらを生産する人たちがいて、生きものの命をいただいて、カレーという食べ物は成り立っています。ぼくの実家は代々農家で米づくりをしてきました。農作業が忙しい時期には、祖父母や両親と一緒に田んぼで汗を流したものです。そして、家では「お米は一粒残さず！」という教えを受けて育ちました。

そういうこともあり、飲食店を始めてからもずっと、フードロスの問題が気になっているのです。一説によるといま日本では1日に、おにぎり1億個相当のフードロスが出ているとか。農家の息子としてお米づくりに携わったことがあるぼくには受け入れがたいことですが、これが現実です。

世界にはその日の食事にこと欠く人が無数にいるというのに、その一方では食べ物が大量に捨てられている。こんなことを続けていては地球の資源も枯渇《こかつ》してしまいますし、なによりも生産者のみなさんに申し訳ない。

そんな「もったいない精神」で、ゴーゴーでは可能な限り無駄を出さない形での店舗運営を行なっています。それは食べ物に限ったことではありません。先述のとおり（P141）「居抜き物件」はOKですし、テーブルやイス、食器などは長く大切に使うように、しっかりとスタッフたちを指導しています。

「すべては地球の元気のために」。すべてのものには、思いを込めてそれを生み出してきた人たちがいる。そんな井戸を掘った人の恩に報いることは、カレーに豊かな人生を授けてもらった自分に課されたライフワークなのです。

40

『少年マガジン』『花咲くいろは』瀬川瑛子さん、など多彩なコラボを

ゴーゴーカレーの名前がそれなりに知られるようになったのは、選《え》り好みすることなくいろんな業界とのコラボをやってきたことも大きいと思います。

たとえば２０２２年には歌手の瀬《せ》川《がわ》瑛《えい》子《こ》さんとご一緒しました。瀬川さんがデビュー55周年を記念した新曲を出されるということで、コラボを提案されたのです。

ゴーゴーは、55歳とか55周年にちなんだコラボの依頼でちょくちょくお声がけいただき、いつも前向きに対応しています。とはいえ、なんでもやりますというわけではなく、２つの条件があります。

１つは、「世界に元気を届ける」というミッションに合致すること。

もう１つは、企画メニューを出す場合は、おいしいこと。

とてもシンプルな条件ですが、企画メニューのハードルは高いのです。「おいしいですよ！」とお客さんに勧められるものしか出したくないですから。

そのため、企画メニューについてはもちろん自分で試食をして、「よし！」とならなければやり直し。3回試食して求める水準に達しなければスリーアウトチェンジ、コラボは流れます。つまりゴーゴーで出している企画メニューは、それだけ味をシビアにジャッジする〝オーディション〟を通過したお勧め商品なのです。

さて、デビュー55周年を迎えた瀬川さんは、55にちなんださまざまな企画に挑戦される中で、ゴーゴーと意気投ゴー。ミッションも、カレーで世界に元気を届けるウチと同様、瀬川さんには歌を通じて世の中を元気にしたいという強い気持ちがあります。そして瀬川さん自身が監修された「秋野菜たっぷりカレー」は非常にレベルが高く、すぐに実現の運びとなりました。

瀬川さん監修のカレーは5都県5店舗で55日間限定発売され、発売初日には瀬川さんが1日店長として新橋駅前のお店に。お客さんへの呼び込みなどを積極的にやってくださいました。その場に立ち会いましたが、お客さんや店員など周りの人たちへの心配りがこまやかで、「芸能界で長く活躍できるのは、こうしたお人柄があってこそなんだな」とおおいに刺激を受けたものです。

このときは、たくさんの報道陣の方にも足を運んでいただき、瀬川さんの新曲とゴーゴーの名は多くのメディアで紹介されました。ともにウィンウィン。やって良かったと心から思えるコラボになりました。

アニメや映画関連のコラボも数多くやりました。

たとえば、学生時代から愛読していた『週刊少年マガジン』創刊55周年では「マガジンカレー」を発売。さらに誌面の『ちょっと盛りました。』というルポ漫画でコラボの模様が紹介され、雑誌にトッピングサービス券も付けていただきました。

思い出深いのが、金沢市内郊外の山間部にある湯涌《ゆわく》温泉を舞台にしたテレビアニメ『花咲くいろは』とのコラボです。これは、アニメ制作会社「P.A.WORKS」さんの10周年記念企画。ゴーゴーの定番メニューであるカツカレーを注文していただいたら、先着で『花咲く〜』のクリアファイルをプレゼントします、という企画をやったところ、驚くほどの行列ができて、その後もいろいろなコラボ企画を展開することになりました。

アニメとのコラボを通じて地元を元気にするお手伝いができ、さらに作品のファンの方々にゴーゴーカレーを知っていただくこともできて、ものすごく有意義なコラボになりました。こういうコラボなら、常時ウェルカムなのです。

毎日目立つゴーゴーファッションでいるのは現場の仲間と常に心の中で一緒だから

「え？　あれゴーゴーカレーの社長じゃない？」

「ほんとだ。やっぱりいつもあの格好してるんだ！」

どこに行っても、こんな声が聞こえてきます。

ゴリラのロゴマークが描かれた黄色いTシャツに、やはりゴリラの前掛け。これが自称「ゴーゴーファッション」。

こんなド派手な格好をしていれば、目立つに決まっています。あのファッションはテレビや雑誌に出るときだけ、と思われている人も多いのか、実際に駅や街角で遭遇してびっくりする人もいます。

2004年の新宿1号店オープンの頃は、あこがれの松井秀喜さんにあやかり、ヤンキースのTシャツで営業をしていました。それが気づけば、黄色のゴーゴーファッションに変わっていました。

仕事でもプライベートでも、ほぼ毎日このファッションを貫いていますが、目立つ格好でいるといろんなことが起こります。

たまに政治関連の集まりに顔を出すこともあって、あるとき自転車で文科省に行った際には、守衛さんに「弁当の配達ですか?」と訊ねられました。有名政治家の集会に出たときには、相当怪しかったのでしょう、SPに囲まれて身動きが取れなくなったことも……。

そうかと思えば、これまた自転車で高級ホテルに出向いたときには、スタッフが無線で「ゴーゴーカレー社長、ゴーゴーカレー社長」と連絡を取っていて、逆に丁《てい》重《ちょう》に案内されて感心したこともありました。

かつては従業員同士の結婚式にも、ゴーゴーファッションで出席していました。式を挙げる従業員に、「ぜひ、いつもの格好で」と懇願《こんがん》されるので、そうしていたのですが、たいていやっかいなことになってしまう。

結婚式、とりわけ地方の結婚式は親戚一同の宴会のようなところがあって、酔っ払った年配の男性たちに「おまえ、どういうつもりだ!」なんて絡まれたりヤジられたりするのです。主役は新郎新婦なので、さすがに冠婚葬祭には、ネクタイを締めるなど普通の服で行くようになりました。

こうして多くの場面でゴーゴーファッションを貫くのには、3つの理由があります。1つは、みなさんにゴーゴーを知ってもらうこと。要は「歩く広告塔」です。まだ自分でお店の接客をやっていた創業間もない頃、移動中に電車に乗っていると車両のどこかから「あー、カレー食べたい」なんて声が聞こえてくることがありました。なぜかそういうことが多いので、よくよく考えて思い当たりました。

「あ、この格好が周りの人たちの食欲をそそっているんだ！」

見てのとおり、カレーを前面に押し出した格好ですし、当時は店にいることも多かったので、カレーの匂いをほのかに漂わせていたのでしょう。計算したわけではないですが、ゴーゴーファッションは周りの人たちの視覚と嗅覚を刺激して食欲を呼び覚ましていたというわけです。

2つ目の理由は時短です。ファッションにほとんど興味がないぼくは、出かけるときに「あれにしようかな？　それともこれがいいかな？」なんて悩みたくありません。時間の無駄だと考えるからです。その点、ゴーゴーファッションなら毎日同じものを着て行くだけ。悩む必要がなく、時間の節約になります。

思えばアップルの創始者であるスティーブ・ジョブズさんやフェイスブック（現・

メタ）のマーク・ザッカーバーグさんは、いつも似たようなカジュアルな服装です。彼らもまた服装で悩むくらいなら、もっと大事なことに頭を使いたいと考えているのかもしれません。

そして3つ目が、現場で汗をかくスタッフと同じ格好をするという意識。同じ格好でいることで、仲間と心を1つにできる。これがゴーゴーファッションを続けるいちばん大きな理由です。

野球の監督を思い出してください。サッカーなどの監督は基本スーツ姿ですが、野球だけはプレーする選手と同じユニフォームを着ています。つまり、監督が選手たちと一線を引かず、常に一緒にたたかうスタンスを取っている。野球のそうした部分にも惹かれていて、どこにいるときも、いつも現場スタッフと同じ格好でいるのです。

会社が大きくなるにつれて、とりまとめていく立場としてやらなければいけないことが増えました。もうかつてのようにカレールーをよそったり、お皿を洗ったり、床掃除をしたりすることはできません。しかし今日もまたゴーゴーファッションに身を包むことで、心の中ではみんなと一緒に汗をかいているのです。

42

社員全員に配る「ゴーゴーカレー開運手帳」真っ黒になっている人ほど好結果が出ている

運気を重視するゴーゴーカレーでは、2012年から毎年、「開運手帳」というものを発行し、社員が携帯しています。表紙の真ん中にゴリラが描かれたそれは、ポケットサイズで190ページ前後。2023年版は次のような内容となっています。

●ゴーゴーウェイ=価値観
●各自が志《こころざし》や今年の目標を書くページ
●事業の目的=マネジメント
●ゴーゴーミッション（我々の使命）
●ゴーゴービジョン（将来像）
●5つの心得
●年度ごとのスローガン
●月間テーマ

●仕事とは？
●リーダーの仕事とは？
●ゴーゴーカレーグループ憲法18条〈しなければならない事〉
●ゴーゴーグループ御法度《ごはっと》18条〈してはならない事〉
●沿革
●殿堂「MVP、功労者、最優秀FC賞など」
●6つの年間目標、仕事の目標を書くページ
●見開き2ページで1週間のスケジュール（メモ用）
●翌年以降のスケジュール（メモ用）
●運が良い人、パワースポット（メモ用）
●行ってみたいお店、行ってみたい国や地域（メモ用）
●読んでみたい本、観たい映画など（メモ用）

2012年に出した手帳を年々充実させていき現在の形になりました。ゴーゴーの理念や哲学、歴史などすべてがわかるようになっています。これを持ち歩き、折に触れてページをめくっていれば、心得やスローガンなどを自然と覚えられるはず。手帳をつくった理由は、社員のほとんどが手帳を持っていなかったからです。あ

るとき、社員のみんなに大事な話をしているのに、手帳を出してメモをとっている社員がほとんどいないということがありました。これではいけないと思って、社員が使いやすいオリジナル手帳をつくることにしたのです。

いまの時代、手帳を持たない人が増えていて、予定やメモはスマホに打ち込めばいいという考えはわかります。ぼくももちろん、スマホは持ち歩いています。しかし開運手帳をつくるずっと前から、手帳を肌身離さず持ち歩く習慣があり、そこに思ったことを書き込むようにしていました。

書き込むのは、予定や備忘録だけではありません。やると決意したことや、やりたいと思ったことをとにかくリストアップして、その目標とする日付に書き込んでいく。行ってみたいお店があったら、そのことも。いますぐに予定を決められなくても、この日までにはという目安の日付に記すわけです。

そうしたことを続けているのは、書き込むという行為がやりたいことを実現させる大きな力になると信じているからです。スマホに打ち込むのと自分でペンを持って書き込むことは違う。ペンで書くことでより強く、自分の意志に刻まれると信じています。実際に、そうやって道を切り拓《ひら》いてきましたから。

ぼくには手帳にまつわるエピソードが多くて、結婚も手帳に書くことで叶いました。それは38歳の誕生日のこと、そろそろ結婚したいなと思い、39歳になる誕生日の欄に「結婚」と書き込みました。まだ、付き合っている人がいないのに、日付を先に決めてしまったわけです。

その後、お付き合いする人が現われると、まだ機が熟していないというのに、「39歳の誕生日に入籍しましょう！」と伝えました。そしてその日から逆算して、手帳にやるべきことを書き始め、双方の家にあいさつに行くなど、やれることを進めていったのです。

彼女から「私は手帳じゃない！」と怒られることもありましたが、押しの一手で彼女を説き伏せ、1年前に宣言したまさにその日、2012年12月10日に入籍しました。このときの話はいまでも2人の間で出ることがありますが、彼女も笑い話にしてくれているので、まあ、悪くはなかったと思っているのではないでしょうか。

人生や仕事の大事なことだけでなく、日常のちょっとしたことも書きとめていると、気がつくと実現していることがある。

だから、なりたい自分になる、理想の人生を送るために、手帳に書くという習慣を人に勧めています。実際に開運手帳が真っ黒になっている社員ほど、運気が上がり収入も増えていっています。

43

言葉づかいを重視し、「おつかれさま」と「ごくろうさま」は社内で誰も口にしない

ぼくは、言葉の力を強く信じているところがあります。

〝開運手帳〟をつくって社内で配布しているのもそこからの発想。言葉を記すことで、実現に大きく近づくはずだからです。

もちろん口から発せられる言葉にも、そこにいる人たちを動かす強い力がある。それはいい意味でも悪い意味でも、です。

ポジティブな言葉が多い空間と、ネガティブな言葉が多い空間では、そこにいる人の気分は大きく変わってくる。ポジティブな言葉に囲まれているほうが、心地よく仕事ができて成果も上がるでしょう。ですから仕事はもちろん私生活でも、できるだけ前向きになれるような言葉を使うように気をつけています。

ゴーゴーの店や事務所では、世間ではポジティブとされている2つの言葉を使いません。「おつかれさま」と「ごくろうさま」です。

どちらも相手をねぎらうもので、言われた相手も言った本人もいい気分になりそうに思えます。しかし、それらをタブーとしているのは、「疲れ」「苦労」というネガティブなニュアンスが含まれているからです。ネガティブな（要素がある）言葉は、口から発したり耳に入ってきたりしたとたん、そんなつもりはなくてもネガティブに作用して、その場にいる人たちの運気を下げる。そう考えるからです。

ちなみに「おつかれさま」という言葉がポピュラーになったのは、それほど昔のことではないようです。尊敬する経営者の1人である、元・カルビー会長の松本晃《まつもとあきら》さんから聞いた話では、バブル末期に流行ったそうで、たしかに記憶にあります。ネクタイをハチマキ代わりにした会社員が、威勢よく「おつかれちゃーん！」と口にするシーンがドラマやコマーシャルで流れていました。

しかし、そんなフレーズが飛び交うような環境は、とてもいいとは思えません。疲れていないのに疲れてしまう気がします。「ごくろうさま」にしてもそう。苦労苦労と耳にしていたら、その場の空気は淀《よど》んでしまう。少なくとも、「さあ、なにかやってやるぞ！」という前向きな気持ちにはなりません。

そうした日常での言葉が気になり始めて、あらためて我が身を振り返ると、知らず知らずのうちに運気を下げる言葉を使っていることに気づきました。

悪いことがあったときに口に出る「うわ！ 最悪！」とか、「暑い」「寒い」「むずかしい」とか、「いやあ、参ったなあ」もそう。

こういう言葉は口グセになっていて、多くの人が無意識のうちに口にしています。でも、酷暑の夏に暑い暑いと言ったところで、涼しくなるわけではありません。むしろ、暑さを必要以上に痛感してウンザリするだけです。周りの人たちも同じ気分になる。グチの多い人はマインドがネガティブに染まっていき、周りの人もネガティブにさせてしまう。それと同じことです。

以来、グチはもちろんのこと、なんとなく使っていたネガティブな言葉も意識して避けるように努めてきました。そうすることで、間違いなく運気が上がりました。ぼくも家族も健康で、会社もちゃんと続いています。

こういう話をすると「おつかれさまやごくろうさまの代わりにどんな言葉を使っているの？」と聞かれます。ネガティブな要素がある言葉は、極力、ポジティブに変換するといいと思います。ですからゴーゴーでは、「いつもありがとうございます」。

感謝で始まり感謝で終わる。これがゴーゴー流なのです。

2年間開けなかった段ボールは捨てる「脳内のデスクトップ」を整理

東京に暮らし始めて、もう20年経ちます。その間、いろんな街に暮らしました。最初に住んだのは新宿。1号店を出した西新宿の店から歩いてすぐのところにマンションを借りました。店を出したばかりですから、あまりにも忙しくて、すぐ近くに住むしかなかったのです。それでも開店当時は店のダスキンのマットがベッド代わりになってしまい、ほとんど家に帰らなかったわけですが……。

新宿では3か所に住んだあと、オフィスを人形町に移したことで、中央区日本橋の浜町に住みました。賑やかな新宿と比べてかなり落ち着いた下町です。江戸の情緒が残り、人形焼のお店なんかがあったりで、こんな街もあるんだなあと思いました。

新宿、浜町ときて、次は赤坂。こちらはTBSに近い繁華街。ここにはさまざまな飲食店があって勉強になりました。で、その次は皇居、靖國神社に近い千代田区の三番町。若かったこともあっていろいろな街に興味があり、2年ごとに更新料を支払うくらいなら引っ越すほうがいいということで住むところを変えていたのです。

そして、これは〝あるある〟だと思いますが、新しい部屋に引っ越しをするとき、前回の引っ越し以来開封されていない段ボールが押し入れの奥から出てくる。最初の頃は、未開封の段ボールもそのまま新居に運んでいましたが、やがて「ちょっと待てよ」と思うようになりました。

「2年間開けなかったわけだから、もう必要としていないってことじゃないか」

以来、引っ越しをするたびに未開封の段ボールを思い切って処分するようになり、身の回りの物が減って雑然としていた部屋もスッキリしてきました。

未開封の段ボールを捨てる。これはいい習慣だったと思います。部屋が片付いたことで、余計なことにわずらわされなくなり、なにごとにも集中できるようになりました。余計なものが部屋にあると、自然とそれらに気を取られてしまい、大事な仕事に集中できず、ゆっくり休むこともできない。そうしたことがなくなって、仕事や睡眠の質が上がったように思います。

同時に、ムダな買い物をしなくなりました。若い頃は、「いいな」と思ったものをすぐに買ってしまうクセがありました。添乗員時代、海外に行くと高い買い物をするお客さんにつられるように、必要とは思えない高価な物に手を出したりも……。しかし、未開封の段ボールを処分するようになると、そうした衝動買いをしなくなりました。

また、断捨離《だんしゃり》の実践は風水《ふうすい》的にも良いとされるので、運気が上昇すると考えています。

こうした変化を、パソコンにたとえてみましょう。なんでもかんでも手を出して、やりっぱなしにしていた若い頃は、デスクトップ上にファイルが散らばった状態だったと思います。それでも混乱したり疲れたりしなかったのは、若くてバイタリティにあふれていたからです。

いらないものを処分して、いるものだけを置いておけば、余計なものにわずらわされず、集中して目の前のやるべきことに向き合うことができる。未開封の段ボールを捨てるという習慣は、いま振り返ると脳内のデスクトップを整理して、集中力を高める行為だったのです。

45

経営者たちが運気UPを重んじることを知る その1つである風水は理論に基《もと》づいたもの

現在、東京・有楽町駅前にあるゴーゴーカレーの東京サポートセンターには、黄金に輝くマスコットのゴリラが鎮座《ちんざ》しています。曽祖父や祖父の面影《おもかげ》を漂わせるゴリラは、厳しくも温かいまなざしで、自分や社員の仕事ぶりを眺めています。この、置かれている物が黄金なのにはわけがあります。会社に運を呼び込んでほしい、という期待を込めているからであり、つまりは開運ゴリラです。

もともと運を信じるところがあったぼくですが、ゴーゴーを起業して付き合うようになった経営者の多くが、運を最上級に重んじていることを知りました。誰もが知る大企業の社長が、神社へのお参りや先祖供養《くよう》、風水などを実践している。

その気持ちは、おそらくぼくと変わらないと思います。仕事に100%、いや、200%の力を注ぎ込んでも、すべてがうまくいく保証はまったくない。完璧《かんぺき》な仕事をしていても、ちょっとした運で社業が傾いたり、人生が狂ったりすることなんて、全然珍しくないからです。

運も実力のうちと言いますが、本当にそのとおりだと思います。実力があってもチャンスに恵まれない人もいれば、たいした実力がなくても運や巡り合わせに恵まれて出世する人もたくさんいます。

人生は実力だけでは決まらない。そう信じているからこそ、精一杯の努力をして力をたくわえながら、目に見えない運をたぐり寄せようとしているのです。

風水もその1つですが、スピリチュアル扱いをする人もいます。「そんなひまがあったら、経営について学びなさい」と思われる方もいるかもしれません。

風水という言葉は、中国の晋《しん》の時代からあったそうです。日本なら弥生時代後期から古墳時代。もう1800年近く続いていることになる。それだけ歴史があるということは、風水を実践する人にいいことがあった、もしくは悪いことが少なかったという成果が出ているからでしょう。そうでなければ、とうの昔に廃《すた》れているのではないでしょうか。つまり、スピリチュアルの範ちゅうではなく、理論に基づいたものであり、幸運を呼び込むものだと考えています。

5章 ★ 人生への想いと世界への夢

46

カンボジアの子どもたちに学校をプレゼントして里子支援も

創業からしばらく経ってチェーン展開を始めた頃から、自分たちでボランティア活動の組織を作りたいと考えていたのですが、そんな中、経営者仲間から聞いて「公益財団法人スクール・エイド・ジャパン（ＳＡＪ）」のことを知りました。

ＳＡＪは、貧困で勉強できない子どもたちのために、学校を建てて教育環境を整えることに力を入れている団体です。カンボジア、ネパールで活動していたので、まずは現地視察だと、２００６年にカンボジアに向かいました。

そこで見た光景は、いまでも忘れることができません。当時、カンボジアは成長を続け、首都プノンペンでは高層ビルが建ち始めていましたが、ちょっと離れて郊外に出ると貧しい農村が広がっていて、いたるところに内戦の傷跡《きずあと》が見える。

両親のいない子、地雷で足を失った子などがたくさんいて、現金収入を得るために、広大なゴミ集積場でゴミを拾ったりしています。そんな過酷な光景を目《ま》の当たりにして、これはなんとかしたいと強く思ったのです。

世の中の多くのボランティア団体では、寄付金が事務コストなどの費用を差し引かれてから現地に届くというような仕組みであるのに対して、ＳＡＪでは寄付金すべてが必要な人たちに渡る仕組みになっていました。これはすばらしい支援活動だなと感じ入って、「ここなら１００％以上、自分たちの想いを現地に届けることができる。自分たちで立ち上げるより、ＳＡＪの中に入り社会貢献活動したほうがいい！」となって参加することにしました。

入ったあとは、団体のトップである、現・ワタミ会長の渡邉美樹《わたなべみき》さんとも知り合い、ＳＡＪ金沢支部長に任命していただき、いまに至っています。

ＳＡＪでは、雨漏りがひどい納屋のような木造校舎を建て替える資金を寄付しました。日本ならちょっと高い新車１台分の金額ですが、そこそこ大きな校舎を建てられました。

新校舎ができあがった際には贈呈式に出席しましたが、ボロボロの校舎が新しく生まれ変わり、子どもたちや先生は大喜びしていました。仮に同じ額で車を買ったとしたら、一度に数人しか利用することができません。しかし学校が１つ建てば、一度に大勢の子どもたちが学ぶことができ、それが10年、20年と継続されれば、数千人、数万人のための学び舎《や》になるわけで、これ以上有意義な支援はないと思います。

2022年も3年ぶりにカンボジアに足を運び、SAJが運営する孤児院を出て社会人となった当時の子どもたちとふれ合いました。教育の機会を得た子どもたちの中には、奨学金制度を生かして大学に進み卒業した子もいました。先生やエンジニアになって、社会の第一線で活躍する子もいました。

教育の機会に恵まれない子どもの将来は肉体労働しかないそうです。しかし、学校で学ぶことによって人生の選択肢が大きく広がります。そして、多くの分野で活躍する若者が増えることで社会は豊かになっていく。

カンボジア通いはいつしか毎年恒例の行事となり、そのうち社員も連れて行くようになりました。会社での「朝練」などでもカンボジアの話をすることがありますが、話を聞くだけではピンとこない社員も、実際に現地に身を置くことで「これは支援しなければ」と気持ちが駆り立てられるようです。

ゴーゴーカレーでは経常利益の1％を寄付に回していますが、これも世界に元気を届ける活動の一環なのです。

47

5月5日生まれの工藤公康さんとの出会い ともに東北の被災地で支援活動を

東日本大震災のあった3月、被災地の道路がようやく復旧し始めた頃に、ぼくは被災地である宮城県の沿岸地域・女川町《おながわちょう》に向かいました。大震災発生後、宮城県の沿岸部に住む親戚3人と連絡がまったく取れない状況だったので、とにかく現地に行くしかなかったのです。

ぼくが「行く」と周りに話したところ、地元の能登・輪島市から、大量の電池をはじめ、さまざまな支援物資が集まってきました。当時の輪島市商工会議所の会頭・里谷《さとや》光弘《みつひろ》さんのお声がけでした。2007年の能登半島沖地震の際に東北からもたくさんの支援を頂いたので、どうしてもその恩を返したいと。

さて、現地に着くと、なんと親戚の家は、2階の屋根の上に、流れてきた家が載っていたのです……。

そして、遺体が安置されている体育館に向かいました。外の仮設テントにはまだ空《から》の状態の棺桶が山積みになって並んでいます。体育館の中に入ると、身元がわからない人の遺体が所持品とともにチャックの付いた遺体袋に入って並べられているというショッキングな光景が……。そして、その中を確認していくと、連絡がつかないだけで絶対に生きていると信じていた親戚の家族3人が、変わり果てた姿で亡くなっていたのです。

こんな絶望的な現実を見て、心の底から、これはなんとかしたいと強く思いながらも、そのときは、支援物資を女川町にお届けし、立ち去ることしかできませんでした。

自分にもできることはないだろうか……。4月に入り、知人の日刊スポーツ新聞社・吉見《よしみ》さんと被災地への支援について話していると、「工藤さんもなにかやりたいと言っているので、一緒にやりましょうよ！」と言われ快諾しました。さっそく吉見さんが下見に行って、ゴーゴーカレーと工藤公康さんと日刊スポーツの3者合同での支援活動がスタートしたのです。

元プロ野球選手の工藤公康さんは、誰もが知る、224勝を挙げた名投手です。実績に加えて人柄も素晴らしい方ですが、じつは5月5日生まれなのです！

そんな工藤さんは当時、現役続行に向けてのトレーニング中だったにもかかわらず、どうにか力になりたいという強い思いに駆られていました。そしてぼくとは初対面から意気投合。一緒に支援活動を始めることになったのです。

初めての活動は、震災から3か月が経った6月。向かったのは宮城県の石巻《いしのまき》でした。工藤さんは少年たちに向けた野球教室を開催し、その場所で、ぼくたちゴーゴーカレーが炊き出しをやるのです。

4つの小学校から来た少年少女の中には、体育館や仮設住宅に寝泊まりする子がいたり、津波で身内を亡くした子もいましたが、工藤さんとの野球に熱中していました。短い時間ながらも、過酷な現実を忘れて白球を追いかけ、工藤さんとふれ合えたことに大きな喜びを感じ、かけがえのない体験となったはずです。

さらに、体育館に寝泊まりしていた人たちもみんな野球を観に来て、笑顔を見せてくれ、復興に向かっていく希望の光が差し込んできた瞬間でした。

そして、ゴーゴーカレーも信じられないほど喜んでもらえました。

最初、「これからカレーの炊き出しをします！」とアナウンスしたところ、反応は芳《かんば》しくはありませんでした。震災のあの日から、炊き出しといったらカレー、もしくはおにぎりと味噌汁という状態で、被災者の多くにとってカレーがマンネリ気味になっていたからなのです。

しかしぼくたちは、ただのカレーではなく、店で出しているものと同じ金沢カレーの、カツカレーを準備していました。「世界に元気を届けたい！」と始めたゴーゴーカレー、その味をいま届けなくてどうする？　という思いがあったからです。

当時、東北地方にはゴーゴーの店がなく、被災者のほとんどの人はあのカレーを見るのも味わうのも初めてだったと思います。

提供するときになりぼくは、容器にカレーをよそいながら、みなさんの反応を観察していました。するとひと口食べた瞬間、それまでのマンネリな空気が一変しました。

「うわ！　うっま！」

「いままでのカレーとは全然違うぞ！」

そんな声が次々と上がり、みんなに笑顔がはじけていきます。そして、炊き出しに並ぶ列はどんどん長くなっていきました。

ゴーゴーカレーが特別に受け入れられたいちばんの要因は、カツが載っていたことだと思います。カレー自体は炊き出しでよく食べていたから飽きていた人も多かったようですが、ゴーゴーカレーを口にした瞬間、「3か月ぶりの揚げ物だ！」と子ども大人も狂喜したのです。被災地では揚げ物を調理する物理的余裕などなかったわけです。

それからいままで、何十回と被災地で、野球教室とともに炊き出しを行ってきました。会場でゴリラの着ぐるみを着て出て行くと、子どもたちは大喜びで、それを見た大人たちも笑顔になる。そしてカレーを食べて、また笑顔の輪が広がる。ゴリラは平和の象徴なのかもしれません。

そして工藤さんはいまだに被災地での野球教室を続けています。工藤さんは2015年に福岡ソフトバンクホークスの監督に就任。プロ野球の監督といったら、シーズン中はもちろんオフもほとんど休みがない激務ですが、そんな中でも工藤さんは毎年必ず1度は被災地に足を運んでいます。さらには東北だけではなく、熊本地震の被災地でも支援活動を行なわれたと聞きました。

工藤さんとの出会い、そして被災地のみなさんが見せてくれる笑顔はかけがえのない宝物です。

そうした機会があるのもカレー屋を始めたから。心の底から「カレー屋を始めて良かったーーー！」と実感できた経験でした。

48

トライアスロンから得た多くの学びと仲間
仕事と遊びを切り分けないのが経営者

会社経営をしていると、メディアからの取材や講演の依頼などがあり、よく社業について語る機会があります。取材では、仕事のことだけではなくプライベートについても聞かれます。よくある質問が「趣味はなんですか？」。

しいて挙げるとすれば、趣味はトライアスロンです。新宿に1号店を出した3年後のこと、知り合いの先輩経営者である、ゼットンのファウンダー・稲本健一さんから、「トライアスロンはいいぞ。一緒にやろう」と誘われました。お世話になっている先輩の手前断りきれず、レースにエントリーしてしまいました。なんとこのとき、ぼくは泳げなかったのに（笑）……。でも、このきっかけが、自分の人生を大きく変えてくれました。

趣味はトライアスロンと答えると、記者の中には「経営のプレッシャーがすごいようですから、体を動かすことで仕事を忘れる時間をつくっているんですね」とおっしゃる方もいますが、そんなことではありません。経営者も人それぞれですが、ぼくを含めて、仕事を忘れたいと思っている人は少ないのではないでしょうか。仕事の中に遊びがあり、遊びの中に仕事がある。両者はつながっていて、互いにいい影響を与え合っていると考えています。

トライアスロンで得たことはたくさんありますが、その中から2つを記します。

1つはマネジメント力。スイム・バイク・ランの3つの競技を行なうトライアスロンでは、レースはもちろん、トレーニングでもしっかりと計画を立てて臨まなければ目標を達成できません。得意な競技ばかり力を入れてもダメ。苦手な競技にも向き合わなければならない。そうやって総合力を上げていく作業は、仕事のマネジメントにも通じるところがあります。

2つめは達成感です。日々の厳しいトレーニングを黙々と行ない、レースで目標に届いたときの充実感は、仕事での喜びに匹敵するほど大きなものがありました。その感覚を味わいたくて、今日もまた地道なトレーニングを行なうのです。

また、トライアスロンを始めて意外なことがわかりました。それは経営者、医者、弁護士といった、いわゆる社会的なステイタスの高い人が、かなりこのスポーツにハマっているということです。

なぜ、みんなそんな苦しいことを自らやっているのでしょうか？　トライアスロンを続けている人たちは、チャレンジングな性格の持ち主が多いのだと思います。計画を立てて入念な準備をして、高いハードルに挑む。その先に待っている達成感を思えば、多少の過酷なトレーニングや節制も乗り越えられるのでしょう。

また、負けず嫌いな人が多く、スケジュールがいっぱいに詰まっていても、トレーニングの時間を捻出して体を仕上げていく。加えて、仲間とともにがんばるトレーニングも楽しみとなっています。

不可能を可能にしようとすることで人として成長できる素晴らしいスポーツ、トライアスロンには、経営者の諸先輩も含めて個性的な人たちが魅了されていて、気がつけば多くの仲間ができていました。

49

盲ろうのトライアスリートを支援して、障がい者の方々に元気を届けたい！

新しいことを始めると、新しい出会いが待っています。その出会いは、新たな世界への扉を開けてくれることがある。

トライアスロンを始めたことで、人脈はさらに広がっていきました。このスポーツのいいところは、誰もが体1つで勝負するところ。スタートラインに立ったら地位や年収は関係ありません。まるで大人の運動会。互いに過酷なトレーニングに励んでいる同志ということで、すぐ仲良くなれるのです。

トライアスロンで得た仲間の中に、視野を大きく広げてくれた人がいます。中田鈴子《すずこ》さんというパラトライアスリートです。中田さんは、〝盲ろう〟と言い、視覚と聴覚に障がいがあります。それにもかかわらず、健常者でも大変なトライアスロンに挑んでいるのです。

生まれつき耳が聴こえなかった彼女は、子育てをしていた30歳代から視力も低下。盲ろう者となったことで、しだいに自宅に引きこもるようになったそうです。しかし、生活をサポートする介助員と出会い外出の機会が増え、運動不足解消のために始めたランニングをきっかけに、トライアスロンにのめり込むようになりました。

じつは、それまでまったく泳げなかったそうで、トライアスロンを完走するまでには、気の遠くなるような努力があったはずです。しかし彼女は、そんな苦労をおくびにも出しません。いつも明るくふるまって、むしろ周りを明るくする。彼女に会うたびに、「自分もちょっとやそっとのことで怠《なま》けてはいられないぞ！」と元気と勇気を与えてもらっているのです。

盲ろう者は日本全国に1万4000人ほどいるそうですが、就労や交通機関の支援を受けることができる障がい者の手帳をもらっているのは1000人足らずしかいないのだとか。盲ろう者としては日本唯一のトライアスリートである中田さんが、横浜国大の講演で「触手話《しょくしゅわ》」の通訳を介してそう話されていました。そして、こう続けました。

「盲ろう者のほとんどは自宅にこもりがちな日常生活を送っていて、ほとんど社会に出てこないんです」

本人や家族、また社会のバリアがそうさせているのか……さまざまなケースがあると思いますが、社会との関わりを断ってしまっている人が多いということでした。

盲ろう者がトライアスロンを完走する！　そんな彼女の活躍を知った盲ろうの方が「自分もなにかやってみよう」と思って一歩を踏み出したら、それはものすごく大きな価値があることではないでしょうか。

そう考えて、中田さんの活動をサポートすることに決めました。中田さんにもっともっと活躍してほしい、そして彼女の活躍を1人でも多くの人に届けたいという思いが湧き上がってきたからです。

元気な人、前向きな人は、周りをポジティブにする力を持っています。そう、ゴーゴーカレーは中田さんをサポートすることで、彼女の背後にいる盲ろうの方々1万4000人はもちろんのこと、そのほかの障がいがあるすべての人に、さらには、障がい者に限らず多くの人に、元気と勇気を届けたいと考えているのです。

50

カレー映画『スパイスより愛を込めて。』を製作「ロケツーリズム」で地元に活力を

国内外を問わず、カレーの普及につながるさまざまな活動を続けてきましたが、2021年秋から念願だったカレー映画の製作に関わることができました。

タイトルは『スパイスより愛を込めて。』。主人公の高校生たちが、スパイスを巡る謎に翻弄《ほんろう》される中で人間として成長を遂げていくという青春群像ストーリーで、2023年初夏公開予定です。映画の舞台となっているのは故郷の金沢。劇中にはぼくにとって懐かしい風景がたくさん登場します。

カレーをテーマにした映画を発案したのは、これまでもラーメン、から揚げ、日本酒など、ご当地グルメ映画を数多く手がけてきた、映画監督の瀬木直貴《せぎなおき》さん。カレーの映画をひらめいて、金沢で撮りたいと思ったそうです。

「どうして?」と訊ねると、「だって、カレーと言ったら金沢でしょ!」という嬉しい答えが返ってきました。

余談になりますが、金沢には「波自加彌神社《はじかみ》」という、日本で唯一、香辛料の神様を祀《まつ》った神社があり、毎年の神事《しんじ》には、全国の生姜《しょうが》の生産地から奉納《ほうのう》生姜が届きます。そのことを知った瀬木監督は、クランクアップの報告にお参りされたそうです。

金沢カレーが有名になり、カレーをテーマにした映画が製作されることで、街にはさまざまなメリットが生まれます。

２０００年あたりから、地方の自治体が映画やドラマの撮影を誘致する「ロケツーリズム」につなげる動きが出てきました。出演者や撮影スタッフが滞在することで直接的に宿泊施設や飲食店などが潤《うるお》うのはもちろん、作品を通じて街のＰＲもできる。さらに作品によって街の知名度が高まり、ファンが「聖地巡礼《せいちじゅんれい》」に訪れるといった効果も出ています。

ゴーゴーカレーも、金沢と石川県を元気にするために多くのことをやってきました。金沢の銀行にリスケを解消してもらったように、地元のみなさんになにかと助けられ、またお世話になってきたわけですから、恩返しということです。

２０１５年に始まり、毎年1万人以上の市民ランナーが参加する「金沢マラソン」では、オフィシャルスポンサーとして、「金沢カレー協会」（Ｐ１９４参照）とともに、金沢カレーをふるまっています。マラソンでは食べ物や飲み物を補給する場所を「エイドステーション」と呼びますが、金沢マラソンはそのエイドが充実していることで知られ、目玉の1つが金沢カレーなのです。

スポーツ関連では、パラリンピック種目でもあるボッチャ（ヨーロッパで生まれた障がい者のためのスポーツで、白いボールを投げて目標に近づけることを競う）の田中恵子さんのサポートもしています。パンデミックにおいて競技の継続が難しくなっていると、地元の政治家から声がかかり実行したのです。田中さんは、ゴーゴーカレーグループ所属として、東京パラリンピックでみごとに銀メダルを獲得しました。

スポーツだけではなく、音楽業界の支援も行なっています。

パンデミックではアスリートだけではなく、音楽家たちもコンサートやフェスが次々と中止になるなど厳しい状況に追い込まれました。そんな中、フリーアナウンサーの永井美奈子さんが音楽家に活動の機会を提供しようと2021年、クラシック音楽フェスティバル「音楽堂　夏Fes.」、略して「おんなつ」というイベントを企画。ゴーゴーカレーとして支援させていただきました。永井さんや音楽家の方々から話を聞き、「元気をお届けしたい！」と心が動いたのです。

プロの音楽家、そしてプロを目指す学生たちは、アスリート並みの厳しい練習を行なっているそうです。毎日、朝から晩まで長時間練習する。そうしないと感覚が微妙に狂ってしまうと言います。それこそ身を削るようにして演奏に打ち込んでいながら、パンデミックで発表する機会を失ってしまうのはあまりにも気の毒だと思いました。

音楽家を志すのは裕福な家庭の子をイメージされるかもしれませんが、厳しい経済状況の中で歯を食いしばってがんばっている苦学生も少なくないようです。そんなこともあって、みなさんにカレーを提供するとものすごく喜んでいただけました。

映画やスポーツ、音楽が持つ力は、数字で表すことが難しい。そして、それらがなくても暮らせるよと言う人もいますが、果たしてそうでしょうか？

映画、スポーツ、音楽などから生きる活力を与えられている人はたくさんいます。このぼくがそうです。松井秀喜さんの満塁ホームランによって人生が大きく変わった者として、今度はぼくが夢に向かってがんばる人を応援したい。

そうした活動が彼らの周りの人たちをも元気づけ、地域が盛り上がることにもつながると思うのです。

51

「金沢カレー協会」でブランドを守る 手を取り合うメンバー同士が仲良くなる

いまでは全国でも知られるようになった「金沢カレー」。しかし、ゴーゴーカレーが会社を設立した２００３年時点では、全国的な知名度はほとんどありませんでした。全国どころか、地元の人々もそのポテンシャルに気づいていない。かくいうぼくも、添乗員として全国を飛び回り始めて、ようやく金沢のカレー文化の奥深さを自覚していったわけですから。

まず、B-1グランプリなどのご当地グルメブームがあり、その後、北陸新幹線の開通が近づくにつれて金沢が注目されるようになり、金沢カレーが脚光を浴びるようになりました。地元の食文化が全国的に知られるようになったのは、もちろん嬉しいこと。しかし、ちょっと困ったことになりました。金沢カレーを名乗りながら「似て非なる食べ物」が次から次へと出てきたのです。

まず、日本国内各地に、なんのルーツもないのに金沢カレーを名乗るカレー屋が現れてきました。また地元では、観光客目当ての、たとえば金沢カレー味ポテトチップスのような商品が、なんと石川県以外のメーカーから出たりもしました。それらは外見やパッケージを金沢カレーっぽくしているけど、風味やコクがまったく異なるもの。

そんな現状に危機感を覚え、それまで横のつながりがほとんどなかった地元のカレー屋が一緒に団体を立ち上げようという機運が高まってきました。そこで、金沢カレーのレギュレーションを正式に統一して、長年培われてきた味とイメージを、力を合わせて守っていくことにしたのです。

こうして2014年、「金沢カレー協会」が正式に発足。これによって、本物の金沢カレーはこれだという認知も深まり、いわゆる〝ニワカ〟は減っていったのですが、それ以外にもいいことがたくさんありました。

たとえば、地元自治体からイベントに出てほしいと頻繁《ひんぱん》に声をかけられるようになりました。金沢マラソンもその1つ。行政としてはゴーゴーカレーという特定の会社には頼みづらくても、団体なら声をかけやすい。協会としてイベントに参加することが増え、金沢カレーの名前はさらに浸透していったのです。

イベントへの参加と同時に、メディアから取材を受ける機会も増えました。協会ができて金沢カレーの定義が明確になり、1社単独のことではないためメディア側としても取り上げやすい。だから露出が増えたのです。

団体ができたことで、金沢カレーは明確にブランディングされ、より広く浸透することになったわけです。

しかし、金沢カレー協会ができてもっとも大きかった前進は、加盟店同士が仲良くなったことです。金沢には歴史のあるおいしいカレー屋が多いのですが、それまでは互いに顔を合わせる機会はほとんどありませんでした。仲が悪いわけではないのですが、それぞれがマイペースで店を営んできたわけです。

それが協会を立ち上げて、打ち合わせを重ね、またイベントにも一緒に出展する中で、互いの距離がグッと縮まることになりました。カレーという共通の話題があるので話が尽きないし、いい話があったら共有することもできる。

協会のメンバーは本物のカレー仲間になり、金沢カレーを通じて太くて固い絆が生まれたのです。

52

「日本カレー協議会」を立ち上げたのは日本のカレーを世界一にするため

2022年8月18日、日本のカレー業界に大きな動きがありました。「日本カレー協議会」という団体が設立されたのです。金沢カレー協会ももちろんこの団体に所属していて、事務局の運営を担当しています。

日本には、さまざまな地域にユニークでクオリティの高いご当地カレーがあり、地元の人たちに愛されています。金沢カレーもその1つですが、横のつながりがあまりなく、それぞれが別々に活動していました。もともと各地のカレーフェスなどで部分的はつながっていたのですが、あるとき、カレー研究家の水野仁輔《じんすけ》さん、スパイス料理研究家の一条もんこさん（その後、日本カレー協議会の初代会長に）、ぼく、の3人で話していて、「もっと世界に向けて日本のカレーを盛り上げていきましょう！」となり「日本カレー協議会」の結成につながったのです。

1つ1つは小さくて全国的には無名かもしれないけど、大勢でチームになったら大きな舞台で勝負できる――。そんな思いから結成された日本カレー協議会には、次の団体が加盟しています。

神奈川県横須賀市の「よこすか海軍カレー」と「横須賀みんなのカレー食堂」。東京都は、神田界隈の「神田カレーグランプリ」と下北沢の「下北沢カレーフェスティバル」。千葉県柏市の「かしわカレーグランプリ」、神奈川県川崎市の「武蔵小杉カレーフェスティバル」、石川県金沢市の「金沢カレー図鑑」、長崎県佐世保市の「佐世保カレー協会」、鳥取県米子市の「鬼太郎カレー」、北海道札幌市の「札幌スープカレー」。さらには、千葉県木更津市を拠点に活動するパキスタン人実業家が立ち上げた「日本パキスタンカレー協会」、「日本薬科大学」などが名を連ねています。

今後はさらに増やしていきたいと思っています。そして、食品・飲料メーカーなどのみなさんにも協力してもらっています。

こうした団体は、いままではそれぞれ独自にイベントなどを開催していましたが、1つのチームとなることでより大きなイベントを開催することができ、全国津々浦々にカレーの魅力を発信することが可能になりました。全国のご当地カレーが一堂に会するわけですから、それぞれの個性がよりいっそう際立つことにもなるでしょう。

協議会は立ち上がったばかりですが、すでに多くの関係者がその意義を実感しているようで、「やっぱりやって良かった」「メリットはあってもデメリットはない」と、みんな口を揃えて言い合っています。

カレー協議会を立ち上げて喜んでいるのは、関係者だけではありません。じつはそれぞれの団体の地元メディアや自治体などに大歓迎されました。というのもカレーという食べ物はどんなイベントとも相性が良く、集客につながるからです。

日本カレー協議会には大きな目標があります。それは2025年に開催される大阪万博への出展です。金沢カレーだけでは難しいかもしれませんが、これだけの顔触れが揃ったことで万博が現実的な目標となったのです。

そんな中、2022年12月には嬉しいニュースが飛び込んできました。世界の料理を取り上げる体験型旅行サイトが「世界の最高の伝統料理」のトップ100を発表。日本のカレーがなんと1位に輝いたのです。

大阪万博では「日本の国民食」カレーを、世界に向けて大々的にアピールすることができるかもしれません。

53

目指すはAppleとコカ・コーラ 理想とする2社が備《そな》えている力は

会社経営には日常的な売り上げ目標だけでなく、将来の大きなビジョンが必要です。「いつかこうなりたい」という理想があれば、そこから逆算して、いまやること、同時にやってはいけないことも見えてくる。この目指すべきものがないと、そのときどきの判断にも迷いが出てくることになるでしょう。

では、ゴーゴーカレーは、いったいどんなところを目指しているのか。「理想の企業像」として「Apple」と「コカ・コーラ」を挙げています。

ぼくは常にiPhoneとiPadを携行しています。この2つでたいていの仕事はこと足りる。

Appleとの出会いは2008年頃だったと思います。日本で初めて売り出されたiPhone3Gをさっそく買いました。当時は「これ、そんなにいいものかな?」と半信半疑で使い始めたわけですが、いつしか仕事やプライベートに欠かせないものになっていました。iPhoneやiPadのない暮らしはもはや考えられませんが、多くの人が同じ状況だと思います。

Appleのすごいところは、自分がドラッカー塾でも学んだ「顧客の創造」を地球規模で、しかもとどまることなく推し進めているところ。iPhoneのバージョンアップのみならず、ハードではiPadやAirPods、Apple Watchなど、ソフトでもApp Store、Apple Music、Apple Books、Apple Fitness+などあらゆるデジタルコンテンツを開発し、それらはすでに多くの人々の生活に浸透しています。

「こんなものがあったらいいな」という人々のニーズに応え続けている。Apple製品は、いまや老若男女誰もが欲しがるもので、これはマーケティングの真骨頂《しんこっちょう》と言ってもいいと思います。

そんなAppleの共同創業者の1人であるスティーブ・ジョブズさんには、ぼくも深い敬意を抱いています。彼のすごさはなによりも、前例にとらわれずチャレンジし続けたこと。そして、世界じゅうの人をあっと驚かせるような斬新なアイデアを実現させて、人々の生活を豊かにしています。

ジョブズさんは、自ら立ち上げた会社を追われることになりましたが、そこから再びCEOに返り咲き、大成功を収めます。iPhone、iPadなど革新的な製品を生み出したことで、Appleは世界のトップに昇りつめました。ビジネスの世界で、これほどの復活劇はなかったでしょう。

ジョブズは多くの名言を遺《のこ》しています。

Stay hungry, stay foolish.

これは2005年、スタンフォード大学の卒業式での式辞《しきじ》です。いろんな解釈があるようですが、自分としては、「常にハングリー精神を忘れずに、信念を貫き通すバカであれ」と受け止めています。

Appleに並ぶもう1つの目指す会社は「コカ・コーラ」。こちらはぼくが生まれるずっと以前からすでに世界じゅうで愛されていました。しかも時代が激しく変わる中でも、まったく飽きられる気配がない。超グローバルであり、超ロングセラーなのです。

しかもコカ・コーラは世界じゅうの国々でパートナーを見つけて、日本ならジョージアや爽健美茶など新たなブランドを立ち上げ、多くの人々に親しまれている。こうした、マーケティング企業としてグローバルに展開することと、ローカルに根差していくことを両立させる力を備えている部分は、ゴーゴーカレーもおおいに見習いたいところです。

いつかゴーゴーカレーも、オリンピックやワールドカップのオフィシャルスポンサーとなって、ゴリラマークを世界じゅうに広げていきたいと考えています。

いま、世界では信じられないくらい多くの人がApple製品を持ち、コカ・コーラ製品を飲んでいます。これらは人々の暮らしにとってなくてはならない存在となりました。ぼくは、それをカレーで実現したい。人々が「カレーがない暮らしは考えられない」と思うくらい、世界じゅうで愛されるものにしたいのです。

54

「ガンとたたかうカレー」をつくる！本気で考えている究極の活動です

カレーはたんなる「食べ物」を超えたポテンシャルを秘めている。

近年、そんなことを考えるようになりました。

少子高齢化が世界でもっとも進んでいる日本では、いま健康寿命を延ばすことが重要なテーマになっています。健康寿命とは「健康上の問題で日常生活が制限されることなく生活できる期間」を意味します。つまり健康寿命が長くなるほど、病気にわずらわされることがなくなり、周りも介護に労力や時間を割かずに済む。当然、医療費の削減にもつながります。

そうした医療の分野にカレーで貢献することはできないか？　カレーを食べたら元気になって病気にならないカレーをつくれないか？　こういったことを、本気で考えているのです。

日本人の健康や社会生活を脅《おびや》かすものとして、たとえば認知症があります。認知症になると本人だけでなく、家族や周りの人たちも大変です。そんな認知症をカレーで抑制できるとしたら……。

それは夢物語ではありません。

じつはインド人はアメリカ人と比べて、認知症の発症率が約4分の1だそうで、その理由がスパイスだと指摘する研究者がいて、そうした論文も複数出ています。こうした説がさらに証明されていけば、「カレーは認知症に勝つパワーフード」として脚光を浴びることになるでしょう。

スパイスは体にいいとされ、さまざまな効果があると言われています。

まず精神面では、カレーを食べると、セロトニンという神経伝達物質が腸から分《ぶん》泌《ぴつ》され幸福感を感じさせてくれると言います。

さらに脳について。インド人は数学に強いことで知られていますが、それがスパイスを多く摂取しているから、と主張する研究者もいます。カレーを食べると汗が出ますが、この発汗を促す機能が、脳神経を活性化させるからだという学説も。そうであれば、カレーは、受験生に食べてもらいたいパワーフードということになりますね。

そしてぼくは最近、ガンとたたかうカレーはつくれないだろうかと考えるようになりました。

まだハッキリと解明されたわけではないですが、スパイスには前述したように人体にいい作用があるようです。そうした特性を生かしてガンを抑えることはできないだろうか。日本人の死因の約4分の1を占めるガンにスパイスが効くことがわかれば、カレーはさらに大きな注目を浴びることでしょう。

「サプリや薬は摂《と》らなくていいから、毎日カレーを食べなさい」

そう言われる時代が到来したら、とても素晴らしいことです。

免疫力を上げるカレーをつくり出し、ガンに効くスパイスを開発して、世界じゅうに流通させる。これこそが、カレーを通じて世界に元気を届ける究極の活動ではないかと考えているのです。

55

ノーベル賞授賞式の日が誕生日という運命 55歳のバースデープレゼントは……

ゴーゴーカレーの設立から約20年、当時は自分たちだけで世界一になろうとばかり考えていましたが、娘の死や経営難、東日本大震災とその支援活動、さらには、パラアスリートと、そのご家族やそこに携わる人たちとの交流などから、価値観が変わっていきました。

お金はいくら稼いでも、あの世には持っていけません。そんなお金に執着するよりも、いい世の中をつくって後世の人たちに託すことのほうが豊かな人生じゃないかと考えるようになったのです。

インドとの出会いも、ぼくに大きな影響を与えてくれました。

ぼくの実家には大きな仏壇があり、そこに祖父母が毎日手を合わせている姿を見て育ったことで、もともと仏教は身近に感じていました。あのスティーブ・ジョブズさんもそうですが、ぼくが尊敬する経営者には仏教の禅や慈悲の心に影響を受けた人も多い。

そして、カレーを仕事としてからはさらに「仏教＝インド＝カレー」ということで、インドという国そのものへの興味が高まっていき、インドの聖地を旅するまでになりました。

その旅の最中のこと、インドの子どもたちが、そこらじゅうでまとわりついてきたことがありました。聖地と言ってもそこはゴミだらけ。子どもたちはお金を持っていそうな観光客を見つけて、物乞《ものご》いに集まってくるのです。

最初は、ボロをまとった垢《あか》だらけの子どもたちに囲まれ、たんに、かわいそうだなあと思ってやり過ごしていました。しかしここで、「いや、待てよ」と思い立ち、こう提案してみました。

「わかったわかった、お金はあげる。でも、その前に仕事しようよ。ここにあるゴミをみんなで片付けようよ」

そう告げて、ぼくは自分からゴミを集め始めました。すると子どもたちも、文句も言わずいっせいに集め出したのです。それも生き生きとした表情で。草むらで一心不乱にゴミを拾う子がいて、中にはどこで見つけたのか、ゴミを入れる大きな袋を持ってきた子もいました。気がつくとゴミだらけだったところがキレイになっていき、その目に見える成果がモチベーションとなったのか、子どもたちはますます目を輝かせてゴミ集めをするようになりました。

1時間は経ったでしょうか。気がつけば「そこまでやってもらうつもりはなかったのに……」と思うくらいキレイになったのです。

このとき、ふと「自分ができるのはこういうことかな」と思いました。

世の中には貧しい人たちがたくさんいますが、その原因は教育と仕事の欠如でしょう。そうした社会的な課題を、得意分野であるカレーを通じて解決していきたい。

たとえば、スパイスを栽培する畑を開拓すれば、こうした貧しい地域にも仕事が生まれます。スパイスの需要が高まり、それを正当な価格で買い取れば、1人でも多くの人が食べられるようになります。

そのためにも、カレー屋が世界じゅうに広がっていって、「日本カレー協議会」がやがては「世界カレー協議会」へとつながり、そのシステムが「世界の平和と人類の安寧《あんねい》」につながることを目指します。

ゴミだらけの聖地での経験から、ゴーゴーカレーだからこそできる世界平和への貢献の仕方があるはずだと考えるようになりました。

そんな想いを携えながら世界平和に邁進するこれからに、ぼくは大きな夢を掲げました。それはノーベル平和賞の受賞です。

ノーベル賞の授賞式は毎年12月10日に行なわれます。それはノーベル博士の命日であり、ぼくの誕生日。

さあ、オスローでの受賞式のスピーチでぼくはこう言います。

「いままで生きてきた中で、最高のバースデープレゼントをいただきました！　センキュー！」

金沢の農家に生まれた宮森宏和は、故郷の自慢の味であるカレーと出会ったことで、信じられないほど素晴らしい人生を歩むことができています。

勢いと情熱だけで、東京を起点としてニューヨークにまで店を出せて、いまは世界平和を実現するために走り続けています。

そんなぼくの人生によって、1人でも多くの人を元気にすることができるのであれば、これ以上の幸せはありません。

そんな思いにさせてくれる、世界じゅうすべての人たちに感謝するとともに、カレーを愛するみなさまの幸運と幸福を願っています。

「ゴーゴーカレー開運手帳」にある18条はこれです

憲法18条（しなければならない事）

前文　われわれはありとあらゆる世界を元気にする為に日々修行と精進を積み重ね、この憲法をグループ員一丸となって守り続けることを誓います!!

第1条　**基本的理念、各法令、各ルールの遵守！**
ゴーゴーミッション、五つの心得、年間スローガン、月間テーマ、各法令、各ルールの遵守

第2条　**神仏を大事に！**
信仰心を持ち続け、家族と子孫に伝承する事

第3条　**親と先祖を大事に！**
親孝行とお墓参りを必ず実践する事

第4条　**人にやさしく！**
女性や子供、お年寄りや身体の不自由な人には優しく接する事

第5条　**お米は一粒残さず！**
食べられる事に感謝をし、食べ物を粗末にする事なく、残さず有難くいただく事

第6条　**財産を大事にし、これを増やす！**
己の代で減らしたり、食いつぶさない事

第7条　**約束を守る！**
言った事には責任を持って必ず完結させる事

第8条　**ご縁を大事に！**
受けた恩には必ず報いる事、どんな縁であれ感謝の心で素直に受け入れる事

ゴーゴーカレーグループ

第9条 **義理・人情を大事に！**
仲間や家族を大事にし、世のため、人のため、気遣いと心配りを大事にする事

第10条 **資源やモノを大事に！**
限りある資源や道具に感謝し、愛情を持って大切に取り扱う事

第11条 **時間を守る！**
余裕を持った計画を立て、途中経過を確認しながら、期限は必ず守る事

第12条 **情報を大事に！**
個人情報や機密事項の取り扱いには十分気をつける事

第13条 **身体を大事に！**
禁煙に努め、深酒はせず、適度な運動をし、理想体重を保ち、健康を維持する事

第14条 **トイレは綺麗に！**
トイレに感謝の心を持って、使う前より美しく利用する事、履物もそろえる事

第15条 **パーフェクトポジティブ！**
出来ない理由を考える事なく、どうやれば出来るのかを常に考え実行に移す事

第16条 **整理・整頓の徹底！**
定期的に身の回りを整理（その場から無くす事）し、常に整頓を心がける事

第17条 **生まれ故郷を大事に！**
生まれ育った大地や自然に感謝し、納税および地元行事に貢献する事

第18条 **言い訳をしない！**
人や物事のせいにする事なく、素直な心、感謝の心、奉仕の心の実践!!

これらを実践することにより運気が上がります！

御法度18条（してはならない事）

前文　われわれは正直な心で、常に正しい道を歩み続ける為に、これらを犯さない事を誓います!!

第1条　18条憲法、および各ルールを破る事

第2条　親や家族を傷つける事（言葉遣いも含む）

第3条　恩師や先輩を傷つける事（言葉遣いも含む）

第4条　仲間や友を傷つける事（言葉遣いも含む）

第5条　ゴーゴーカレーグループ（以下グループ）のブランド、信頼を失墜させる行為

第6条　グループを誹謗中傷する事、グループの和を乱したり、破壊する行為や言動

第7条　文句や愚痴、妬み、ひがみなどネガティブな言動をとる、またはそれに同調する事

第8条　嘘をつく事、言い訳をする事

第9条　モノや食材を故意または過失により、破壊または損失させる事

ゴーゴーカレーグループ

第10条 人のモノやお金を盗んだり、無許可で第三者に譲渡する事

第11条 グループ内での個人的金銭の貸し借り、本部の承認のない店舗間でのモノの貸し借り

第12条 グループ内でのネットワークビジネスなど営利事業や本部の許可なしで商売をする事

第13条 グループの財産を減らす事

第14条 過剰な接待を受けたり、バックマージンを伴うような利己的な取引

第15条 人の時間を奪う行為

第16条 無計画な仕事、および意味の無い仕事をする事

第17条 反社会的行動、またはそれに協力する事

第18条 悪事を隠す、または見て見ぬふりをする事

これらを行うと運気が下がります!

幸運は不可能を可能にします。
不運は可能を不可能にします。
運を上げるも下げるも
あなたの心構えと実践次第です!!

［本をつくって］

宮森さんを介しての、金沢に対する恩返しでもあるのです

石黒謙吾

宮森さんが松井秀喜さんの満塁弾で人生が変わったように、僕もまた人生の節目で、その偉大な14学年下の同窓生に魂を揺さぶられ、生き方に影響を受けてきました。そして宮森さんと知り合ったのも、松井選手縁＋同郷縁からでした。

それは新宿1号店がオープンして間もない２００４年。「mixi」の松井選手コミュニティ内の金沢出身者が集まる飲み会があり、その居酒屋で同郷のデザイナー・中村真弓さんに紹介されたのが、ゴリラが描かれたエプロンを身に着けた、元気でバカ明るい（失礼！）青年でした。独特の人懐っこい表情と、いっさいの他意を感じさせない心地よい話しぶりに不思議な魅力を感じて、惹《ひ》かれたことを覚えています。

その後は、時折食事にお誘い頂いたり、２００９年にカレー研究家の水野仁輔さんの著書『ニッポンカレー大全』を僕がプロデュース＆編集したことで、水野さんを紹介したり、Facebookでやりとりしたり、など縁はつながっていました。

宮森さんの事業が順調に進む様子を目にする中で「本を作りましょうね！」とお声がけしてはいたものの、僕の案件が常に先々までパンパンで企画仕込みに至れず。しかし2022年3月にお会いした際、「金沢を舞台にしたカレーの映画が進行中なんです」と聞いて、機が熟したなとアクセルを踏み込み、企画書用に聞き取りを開始。秋口には無事に光文社に企画が通り本づくりがスタートしました。

僕が松井さんの存在を知ったのは、母校・星稜に「すごい新入生が入るらしい」と同窓生から聞いたとき。期待が膨らみ、1年時夏の高校野球石川県大会決勝は金沢の友人に電話して、ラジオを受話器の前に置いてもらい実況を聞きながらスコアを付けていたほどでした。ネットもラジコもなかった時代です。

3年時夏の甲子園は明徳戦の5敬遠。深夜になっても悔しくて、家の近所の公園で焼酎を飲んで夜明かししていたら警官に尋問《じんもん》されたのもいい思い出です。

プロ1年目の1993年春。僕は32歳で、講談社の『Hot-Dog PRESS』誌の契約編集者から、完全にフリーになったときでした。ちょうどたいへんなことが身にふりかかったさなかで、毎日大きな不安に押しつぶされそうになっていました。

開幕時の松井さんは二軍戦で公式戦デビュー。プロに入って初めてのホームランを高知・春野で放つと、関東に初登場したのが4月13日からの対ロッテ3連戦。なんとしても観にいかなくては！　とロッテ浦和球場に向かった15日、内野のネット越しに同じグラウンドレベルで見た同窓生は、僕の目の前で2号ホームランを放ったのです。血が逆流するような感動、そしてなんの根拠もなく「これからの人生、なんとかなる！」と思えて強く背中を押してもらいました。宮森さんはニューヨーク弾、僕は浦和の一発に勇気をもらって生きてきたわけです。

その後、執筆の仕事では、雑誌『Number』で、松井さん関連記事を3度書かせてもらい、これも自分的には記念となっています。

また、松井さんがニューヨークに渡る際、星稜野球部の山下智茂《ともしげ》・元総監督が、僕の著書『盲導犬クイールの一生』を、映画化されたこともあってなのか、松井さんに渡してくれたということが！　その記事をスポーツ新聞で見つけたときは、大変な驚きとともに光栄でぐっとこみ上げてくるものがありました。

そして年月を経て迎えた2012年12月28日、街中でランチに入った店で聴こえてきたニュースで引退発表を知りました。得も言われぬ虚脱感に襲われ、若い頃からしていた白髪染めをやめようと思い立ち、その日に美容院に行き金髪にしました。

さらには、僕にも「星稜の黄色い血が流れている」（P97参照）わけですが、ゴーゴーカレーの色といえば黄色！　また、近年になって知ったのですが、宮森さんが添乗員時代から、僕の従姉《いとこ》と知り合いだったり、僕の星稜高校2年時の担任の先生であり、いまだに良くしていただいている元・遊学館高校野球部監督の山本雅弘先生ともつながっていたりと、やはり縁があったのだなとつくづく感じ入っています。

さてじつは本書、光文社の樋口編集長に企画を決めていただく前に、他社で通ってはいたのですが、その版元ではガチガチのビジネス書的な仕上げを希望していたので、降りました。なぜなら、宮森さんの成功のポイントは、ハーバード云々《うんぬん》みたいな理論構築とはまた違ったところにあると考えているからです。愚直に、シンプルに、とにかく「やる」。そんな叩き上げで体験し、学びとミックスさせて生み出している工夫。加えて「人間くささ」を盛り込んだ本にしたいと思ったからです。

僕はここまで、著書とプロデュース&編書合わせて280冊ほどの本をつくってきましたが、還暦《かんれき》を過ぎ、自分のできる仕事の中で地元に貢献したいという気持ちが膨らみ始めています。多くの人に元気を届けている宮森さんのパッションを本という形で残せたことには大きな意義を感じているとともに、僕なりの、宮森さんを介しての、大好きな金沢に対する恩返しでもあるのです。

［おわりに］

さらなるビッグビジョンに向けての節目として

今回の出版では、自分の人生を振り返ることができて、すごくいい機会をいただきました。そこで、この場をお借りして、ここまで49年間の人生でお世話になった方々に感謝を述べたいと思います。

まずは、自分に夢と希望、そして起業するきっかけを作ってくれた、松井秀喜さん。

創業時の立ち上げメンバーをはじめ、世界じゅうのゴーゴーメンバーやその家族。ゴーゴーカレーグループに加盟いただいた方々。ゴーゴーカレーの業者会であるサポーターズクラブのみなさん。

創業間もない頃からご支援いただいた株主や金融機関、メディアのみなさま。経営者仲間にトライアスロン仲間と、カレーなる仲間たち。

幼い頃からぼくのワガママで振り回してしまった友人や、そんな自分を救ってくれた先生たち。添乗員時代のお客様や仲間たち。

そしてなにより、産み育てていただいた両親。祖父母、ご先祖、妹、弟、親戚。妻に4人の子どもたち。

本書刊行においては、出版のご縁を作ってくださり、企画・プロデュース・編集をしていただいた、同郷である、著述家・編集者の石黒謙吾さん。構成の熊崎敬《たかし》さん。デザイナーの吉田考宏《たかひろ》さん。DTPの藤田ひかるさん。光文社の樋口健《けん》編集長と、制作、営業のみなさま。印刷所のみなさま。書店と取次店のみなさま。

また、一度でもゴーゴーカレーのお店で食べていただいたお客様。ゴーゴーカレーを愛してくれている常連さん、特に地元・北陸の応援団のみなさま。

本書を手に取り、お読みいただいたみなさま。

以上、心の底から感謝を申し上げます。

数えきれないほど多くの方々からの支援に対する恩返しとしてまだまだ続く、宮森宏和のビッグビジョンへのストーリーにお付き合いいただければ幸いです。

PROFILE

宮森宏和（みやもり・ひろかず）

「ゴーゴーカレー」創業者。
1973年、石川県金沢市で農家の長男として生まれる。
高校を卒業後、専門学校を経て、地元の旅行会社に勤務。
添乗員だった29歳のときに、
同郷同世代の松井秀喜選手が、
ニューヨークのヤンキースタジアム開幕戦で打った満塁ホームランに感銘を受け、
脱サラを決意し裸一貫で上京。
2004年の新宿１号店オープンを皮切りに日本全国にチェーン店を広げ、
金沢カレーブームを巻き起こす。
創業３年目にはニューヨークにも出店し、その後は世界各地にもフランチャイズ展開。
現在、国内外で100店舗達成。
2014年に「金沢カレー協会」発足、2022年に「日本カレー協議会」発足と、
カレーを愛する人同士の連携に尽力する。
日本初の本格カレー映画『スパイスより愛を込めて。』をプロデュース、
2023年初夏、全国の劇場で公開予定。
「美味しいカレーで世界に元気を届ける！」をミッションとし、
カレーの専門商社として、仲間たちとともに
日本のカレーを世界一にすることを目指している。
夢は、ガンとたたかうカレーをつくってノーベル平和賞受賞。
趣味はトライアスロン。
座右の銘は「挑戦なくして成長なし！　道徳なくして繁栄なし！」。

STAFF

著	宮森宏和
企画・プロデュース・編集	石黒謙吾
構成	熊崎敬
デザイン	吉田考宏
DTP	藤田ひかる(ユニオンワークス)
制作	(有)ブルー・オレンジ・スタジアム
編集	樋口健(光文社)
協力	ゴーゴーカレーグループ ゴーゴーカレーサポーターズクラブ 金沢カレー協会 日本カレー協議会 日本インフルエンサー協会 オークスティーヴ 株式会社FUKUMIMI 中村仁洋

カレーは世界《せかい》を元気《げんき》にします

金沢発《かなざわはつ》！ ゴーゴーカレー大躍進《だいやくしん》の秘密《ひみつ》

2023年5月5日　初版第1刷発行

著　者　宮森宏和《みやもりひろかず》

印刷所　堀内印刷
製本所　ナショナル製本

発行者　三宅貴久
発行所　株式会社光文社
〒112-8011　東京都文京区音羽1-16-6
TEL　03-5395-8172（編集部）
　　　03-5395-8116（書籍販売部）
　　　03-5395-8125（業務部）
メール　non@kobunsha.com
落丁本・乱丁本は業務部へご連絡くだされば、お取り替えいたします。